袅袅炊烟在浅山：京郊村落记忆

昌平、延庆卷

北京联合大学应用文理学院 组织编写
张景秋 主编 莫常红 胡师睿 著

北京出版集团
北京出版社

图书在版编目（CIP）数据

袅袅炊烟在浅山 ：京郊村落记忆. 昌平、延庆卷 / 北京联合大学应用文理学院组织编写 ；张景秋主编 ；莫常红，胡师睿著. — 北京 ：北京出版社，2022.9
ISBN 978-7-200-17417-5

Ⅰ. ①袅… Ⅱ. ①北… ②张… ③莫… ④胡… Ⅲ. ①村落—调查研究—昌平区②村落—调查研究—延庆区 Ⅳ. ①K921.5

中国版本图书馆CIP数据核字(2022)第166526号

责任编辑：赵　宁
助理编辑：班克武
责任印制：彭军芳

袅袅炊烟在浅山：京郊村落记忆　昌平、延庆卷

NIAONIAO CHUIYAN ZAI QIANSHAN: JINGJIAO CUNLUO JIYI　CHANGPING、YANQING JUAN

北京联合大学应用文理学院　组织编写
张景秋　主编
莫常红　胡师睿　著

出　版　北京出版集团
　　　　北京出版社
地　址　北京北三环中路 6 号
邮　编　100120
网　址　www.bph.com.cn
总发行　北京出版集团
发　行　京版北美（北京）文化艺术传媒有限公司
经　销　新华书店
印　刷　鸿博昊天科技有限公司
版印次　2022 年 9 月第 1 版第 1 次印刷
开　本　787 毫米 ×1092 毫米　1/32
印　张　6.5
字　数　160 千字
书　号　ISBN 978-7-200-17417-5
定　价　88.00 元

序

为全面贯彻党的十九大关于加快生态文明体制改革、建设美丽中国的总体要求，深入贯彻落实习近平总书记视察北京系列重要讲话精神，牢固树立和践行“绿水青山就是金山银山”的发展理念，按照党中央、国务院批复的《北京城市总体规划（2016年—2035年）》（简称《总体规划》）中提出的将浅山区建设成为首都生态文明示范区的总体要求，2021年，《北京市浅山区保护规划（2017年—2035年）》（简称《浅山区规划》）正式颁布，标志着将浅山区建设成为首都环境治理能力展示窗口、特大城市生态文明示范地区、山区居民共享共生美丽家园和千年古都历史文脉传承源地的总体目标进入了新发展阶段。

从地貌地形上来看，北京居于华北平原北端，全市60%以上地区为山区，是首都天然的生态屏障。根据海拔高度的不同，分为浅山区和深山区。根据《浅山区规划》规定，北京市浅山区是以高程系100—300米的浅山本体为基础，主要包括第一道山脚线穿越的平原和浅山交界地区，以及300米等高线穿越的浅山和深山交界地区（不含密云水库以北地区），并将中心城区及新城集中建设区范围予以调出，形成北京市浅山区保护规划范围，共涉及海淀、丰台、石景山、顺义、昌平、房山、门头沟、平谷、怀柔、密云等10个区66个乡镇（街道），总面积约4833平方千米，占市域面积的29.5%。

北京浅山区是首都重要的生态屏障。作为平原与深山的交界地区，山前冲积洪积扇的过渡地带，浅山区区域内水系相对发达，生物种类丰富，是城市发展的生态屏障前缘，是人类与自然共生共存的集中地。所以《浅山区规划》中提出，要围绕浅山区生态保育和生态建设的核心功能，加强生态保育和生态修复，建构山水林田湖草生命共同体，持续提升生态环境规模和质量，促进人与自然和谐共生，践行"绿水青山就是金山银山"的发展理念，实现青山绕城、绿水环山、森林繁茂、良田美景的生态保育与修复总体目标，以确保首都的绿水青山常在，自然生态系统安全稳定。

北京浅山区也是首都功能的重要保障区和延伸区。这里水土地热适宜，人类活动频繁，是乡村生产生活印记鲜明的区域。所以《浅山区规划》中提出，要坚持绿色发展，在发展中保护、在保护中发展，推动生态惠民、生态利民、生态为民，改善城乡人居环境，引导文化旅游、休闲度假、都市型农业、会议会展服务、高科技项目为主的生态友好型产业体系落户浅山区，推动形成绿色高质量发展方式，更好地激发生态涵养区的内生活力。

北京浅山区还是长城文化带和西山永定河文化带的重要空间承载区

和展现区。这里历史悠久，文物古迹众多，是北京多元文化融合发展的见证地。长城文化带和西山永定河文化带在此交汇延展，从早期人类活动遗址、聚落遗址到历史时期形成的宫殿、园囿、庙宇、村落、古道、关隘，在西山、永定河、长城的串联下，塑造成带状的镶嵌在京华大地上的璀璨明珠。所以《浅山区规划》中提出，要保护好、传承好、利用好浅山区的生态文化本底、历史文化资源和文化脉络，形成文化探访路线，讲好浅山故事和北京故事，全方位展示首都文化魅力。

全面落实乡村振兴战略，推进浅山区美丽乡村建设，既是浅山区规划的目标，更是民生所指。村庄是浅山区最广大、最显著的地理单元和行政单元，散布在浅山区的村庄形成了有别于城市的乡村空间，而北京浅山区的乡村在传统与现代的交汇融合中锻造出自己独特的性格。车程1小时，从喧闹到寂静，浅山区承担着接壤首都从高速快捷的中心城市，向质朴悠闲的山区的转折。所以《浅山区规划》中提出，要以生态涵养为根本，延续人与自然有机融合的乡村空间关系，将浅山区建设成为山水美、田园美、村庄美、生活美、人文美的北京美丽乡村示范区。

作为与城市并存的一种地理空间，乡村的生产、生活和生态特质具有一定的共性特征。首先，农业生产是乡村的根本，是形成乡村特性的决定性要素。无论是乡村聚落，还是乡约民俗的形成发展，都是在有利于农业生产的基础上产生、塑造和传承的。其次，慢生活形态是乡村的美学基础。乡村生活与城市生活的区别就在于快与慢。也许乡村的生活计时不完全是以小时为单位，是依农时节气而定，在播种收割中感受着天地日月精华带来的喜悦与满足，那种慢慢生长的岁月静好和生命韧性，是城市生活所不能给予的。

记忆中与晨辉和晚霞呼应的袅袅炊烟，带来的是对以往岁月的怀念，是对未来美好的期待，更是对靠自己努力就会有所收获的自信。从20世纪的自然资源开发型为主导乡村发展模式，逐渐转变为当下符合首都功能需求的生态资源保护与文旅融合发展的新型乡村发展模式，起承转合中留下的和消失的都将定格在人们的记忆中。

“袅袅炊烟在浅山：京郊村落记忆”系列丛书的策划初衷就是希望将这些记忆和变化记录下来。根据《浅山区规划》，丛书选取了位于东北部水源涵养和生态休闲区的密云和平谷，中部首都功能延伸区的怀柔和昌平，西南部历史文化和生态休闲区的门头沟和海淀，以及参照执行的延庆浅山区，通过走访形式，写人写景写事，讲述北京的浅山故事，在故事中展现生动的绿水青山、多元的乡村景观、多彩的文化活动、幸福的乡居生活。

本丛书的作者以北京联合大学应用文理学院的教师为主，以及中央新闻纪录电影制片厂的胡师睿、中国艺术研究院的朱佳博士、北京建筑大学的刘清越硕士。作者的分工分别是：朱佳、吕红梅负责海淀卷，莫常红、胡师睿负责昌平、延庆卷，张景秋、刘清越负责怀柔卷，叶盛东负责密云卷，付晓负责平谷卷，李雪妍负责门头沟卷。

丛书从选题到走访再到成书，得到了北京出版集团领导、编辑们的大力支持、指导和帮助，在此表示衷心的感谢！在走访过程中，得到了相关区、部门和百姓的理解、支持与帮助，在此表示衷心感谢！

绿水丰涟漪，青山多绣绮。未来的北京浅山区一定会成为展现大国首都生态文明建设和人与自然和谐发展良好关系的重要窗口。

张景秋

2021 年 3 月

前　言

读顾炎武《昌平山水记》

“京师九门，其西北曰德胜门，元之健德门也。洪武元年九月，大将军徐达改今名。出门八里为土城，元旧也……”这是顾炎武《昌平山水记》的开篇。清顺治十六年（1659年），46岁的顾炎武来到北京，从德胜门出发，前往昌平拜谒天寿山的十三陵，他曾19年间前后6次拜谒，用这种方式表达了一个故国遗民对前朝的追思。

德胜门，今存有箭楼和东南角楼，为京藏高速（原名八达岭高速）的起点；土城，笔者就职的北京联合大学应用文理学院，就在西土城，今建有10号线地铁站，在建的昌平线南延工程正在紧张施工中；“又十二里有玄福宫，弘治十七年建。俗呼为回龙观。”回龙观，更是笔者寓居北京十几年的大型社区。由是，拜读《昌平山水记》，因熟悉的山、水、路、桥，就平添了几分亲切，也使得参与“浅山”这套书系（项目）的调查与撰写，增加了几分动力。

“天寿山在州北一十八里。永乐五年七月乙卯，皇后徐氏崩，上命礼部尚书赵羾以明地理者廖均卿等往，择地得吉于昌平县东黄土山。及车驾临视，封其山为天寿山，以七年五月己卯作长陵。”于此，顾炎武记述了明代陵寝选址天寿山的始末。明清以降，从大红门到棂星门，神路两旁的石人石兽，在历史的风尘中默默地迎来送往，导引着人们一探大明的隆替兴衰。其中，金岭山的康陵并不对外开放，笔者也只能望楼兴叹，但记述陵监后代的世俗烟火，一尝闻名遐迩的康陵春饼。神路附近的七空石桥，于今则为网红打卡之地七孔桥花海，它引来十三陵库区的蜂飞蝶舞，更提供京城士女在夏秋之际游目骋怀。

自长陵建成，明代仁宗、宣宗、英宗、武宗、世宗、穆宗、神宗都曾亲自拜谒山陵，勋戚、文武大臣、百司均扈从跟随。一年之中，像清明这样重要的节日，需要遣派官员行礼，六部、六科、翰林院等职能部门也按规定择时选派人员陪祭，也因此，在昌平州城各建分馆。顾炎武在叙及翰林馆时，特别提到前面不远处的刘谏议祠：“翰林馆在唐刘谏议祠之后。谏议名蕡，字去华，昌平人。太和二年，举贤良方正，对策指斥宦官，遂不第。令狐楚在兴元，牛僧孺在襄阳，皆辟为从事，待如师友，授秘书郎，为宦官所嫉，诬以罪，贬柳州司户参军，卒。昭宗时，赠右谏议大夫。元时以昌平驿官宫祺奏请，始为之立祠。”他还考证说，刘谏议祠本在旧县，等到县治迁徙，祠也跟着迁徙到了大成门之西。而当年翰林院的诸公陪祭宿馆，“无不追往悼今，寄情篇什”。

因有亡国之痛，顾炎武对长城特别留意。他追溯居庸关的历代沿革，考证文献中的别名，《三国志》称西关，《魏书》名军都关，《唐书》谓纳款关，险绝陡峻，设关布防，本意一夫当关万夫莫开，孰料“顷者，李自成之犯阙也，下宣府，历怀来，入居庸，薄都下，曾无藩篱之限”。农民军势如破竹，明朝由此而亡，顾炎武紧接着反思：“地非不险，城非不高，兵非不多，粮非不足也；国法不行而人心去也。”居庸关、八达岭、黄花镇、长峪城，有明一代都是镇边的关口；在今天和平时期，这些地方，有的声名远扬，游客摩肩接踵；有的寂寂无名，门可罗雀。历史与传说演变为流布人口的非遗资料，而一度在锣鼓声中演绎的曲艺戏剧，渐因缺少年轻人的参与有些难以为继。

群山之外，顾炎武对昌平的水系也详加考证，实地勘察。在他看来，《水经注》中的“湿余河”，其“湿”字近“温”，传写有误，以讹传讹。笔者揣摩，“余”与“榆”，乃同音之转，这样，“湿余河”就演变成“温榆河”了。而温榆河的水源（上游更有南沙河、北沙河、东沙河），源于环绕着天寿山的“十口”——老君堂口、锥石口、燕子口、德胜口等。另外，顾炎武引证《元史》记叙郭守敬引水济漕、开凿通惠河的故事：“至元二十八年都水监郭守敬奉诏兴水利，上自昌平县白浮村引神山泉，西折而南，过双塔、榆河、一亩、玉泉诸水，经瓮山泊至西水门入都城南，汇为积水潭，复东折而南，出南水门，东至通州高丽庄入白河，长一百六十四里一百四步。帝命丞相以下皆亲操畚锸，首事于二十九年之春，告成于三十年之秋，赐名通惠河。”明代对这一水利工程多有修葺，但最终废弃了。到20世纪50年代，新修建的京密引水渠，其昌平—海淀段，多与当年郭守敬设计的水路重合；而在陵区沙河流域，十三陵水库的一片碧波，在调控北京西北水量之外，往往在春秋佳日静影沉碧一般地倒映着四周的莽莽群山。

由于需要供应前往山陵祭祀的一众人等，昌平一度升县为州，下辖密云、顺义、怀柔。《昌平山水记》分上、下卷，上卷记昌平，下卷记顺义、密云、怀柔。整本著作，篇幅并不大，凡两万余言，撰述涉及明末清初的历史沿革、帝京畿辅的山川名物，尤其详细描绘了大明陵寝冢墓的规模建制，具有很高的文献价值。

莫常红

2021 年春于北京昌平回龙观

目　录

01 中唐俊伟有刘蕡

论说昌平的乡贤，不得不说刘蕡。

刘蕡（？—848年）字去华，唐中期幽州昌平（今北京昌平西沙屯村）人。唐敬宗宝历二年（826年），刘蕡进士及第。他博学多识，特别专精于《左氏春秋》，懂得古今兴亡盛衰的道理，因此胸怀澄清天下的志向。唐文宗李昂即位，对宦官乱政深恶痛绝，很想有所作为，大和二年（828年）下诏开科取士，以笼络股肱重臣。

这次开科，不是像明经、明算一类的常科，而是为了选拔“非常之才”而举行的不定期考试。所谓贤良方正科，沿用汉文帝的创意：“二三执政……举贤良方正能直言极谏者，以匡朕之不逮。”也就是说，封建帝王乃真命天子，一个人高高在上，被周围一群谄媚的马屁精蒙蔽了眼睛，很容易唯我独尊，自我感觉良好。开设这一门科考，则表示其虚心纳谏的姿态：希望通过非常规的人才选拔方式，举荐才能出众、品行端方，能以正直的言论进谏的人，来纠正天子考虑不周、做事不当的地方。

此次开科，一百多位儒生参加考试。命题作文如下，要求在规定时间写作一篇策论：“你们这些士大夫都识达古今，应该清楚吏治的缺陷、政事的瑕疵，那就谈一谈当采取哪些措施来革除此前的弊病，以促进为政为民。”刘蕡拿到题目，痛心于宦官的祸害，条陈利害及措施：“我觉得陛下应该首先警惕，宫廷将生变乱，国家面临危亡……怎么办呢，要深思开国的艰难，杜绝篡夺的风险，亲贤人，远小人。”他洋洋洒洒，掏心掏肺地写了六千余言，辞气慷慨，直斥宦官专权，陈兴除之道。同时，“臣非不知言发而祸应，计行而身戮，盖所以痛社稷之危……今臣之来也，有司或不敢荐臣之言，陛下又无以察臣之心，退必戮于权臣之手……”对于自己的直言会带来怎样的后果有所预判，刘蕡已将生死置之度外。

当时的主考官是左散骑常侍冯宿、太常少卿贾餗等，他们阅读了刘蕡的策论，都禁不住为之叹服，认为可以比作汉代的贾谊和董仲舒。但此时宦官王守澄、梁守谦等，盘踞官禁，势焰逼人。考官们害怕录取刘蕡，会给自己带来麻烦与灾祸，只得忍痛割爱，将他排除在外。刘蕡下第。当时，道州人李郃在这一场廷试中得了第一，他得知刘蕡下第，很为之打抱不平，愤然说："刘蕡下第，我辈登科，能不能不这样厚颜无耻？"他上疏文宗："刘蕡的策论，汉魏以来无与伦比。如今有关部门以为刘蕡指切左右，不敢以闻，恐怕忠良的进阶道路由此堵住了，国家的法律制度由此会废弛。我本人的策论远远比不上刘蕡，乞求撤销授予我的科名，转授给值当获得殊荣的刘蕡。"

文宗本意有所振拔，但矛盾激化了，也怕中官为难，不好批复，便将李疏搁置不提。刘蕡最终未能成为朝廷命官，仅由令狐楚、牛僧孺等召为幕僚。后来更为宦官所诬陷，贬为柳州司户参军。李郃因上疏让第，得罪了宦官，被排挤出京，初授河南参军，后升贺州刺史。软弱的文宗李昂违背了"举贤良方正"的初衷，在关键时刻退缩了，演出了一场叶公好龙的戏码。

事不过七年，"甘露之变"爆发，本以削除宦官势力的一场计谋最终落败，太监们骄狂至极，公报私仇，在京城杀人无数。宦官田全操甚至扬言："我入城，凡儒服者，无贵贱当尽杀之!"士民惶惧，民不聊生。宰相贾餗被诛杀，灭九族。而文宗受到宦官欺凌挟制，一次问当值学士周墀，自己和前世君主相比，该是怎样的形象。周学士还腆颜地称颂他为尧舜，文宗却自比亡国之君周赧与汉献帝，甚至认为："赧、献受制于诸侯，今朕受制于家奴，以此言之，朕殆不如！"文宗知道势难回天，不再视朝，浑浑噩噩过日子，最终忧郁而死。

柳州赴任期间，刘蕡勤政爱民，虽为八品小官，却尽职尽责，被当地人称为刘贤良。民间传说，他到乡间视农，于田亩间巡行时坠马而死，罹难于任上，葬于鹅山之侧。更有传说，柳州农民对长期危害水田禾苗的泥鳅毫无根治办法，刘蕡教他们烧制生石灰，以撒进水田杀死泥鳅，从此稻谷年年丰收。后世修墓，碑题为“唐谏议大夫贤良刘公墓”，当地人称贤良坟。明成化十三年（1477年），广西布政司右参政黄埙曾加以修整，并在四周建有墙垣。清乾隆二十九年（1764年），右江道观察使王锦在《柳江书院碑记》里劝诫柳州学子学习柳、刘，“文章得如柳，可以止矣；气节得如刘，可以止矣”，鼓励后生以柳宗元为做学问的楷模，以刘蕡为做人的榜样。柳州官民爱戴刘蕡，在柳侯祠旁建贤良祠，合称二贤祠，应时祭奠。

广西柳州的刘蕡巡乡雕塑

唐龙纪元年（889年），唐昭宗李晔登基，剪除阉党，恢复朝纲。左拾遗罗衮上书："太和时候，宦官当道，气焰嚣张，刘蕡亢而直言，遭到放逐，客死他乡。六十多年来，正义人士每每为之扼腕叹息，黯然泣下。陛下幽处东内，幸免于西州，王室几乎丧失。假设刘蕡的策论早日得以派上用场，能够防患于未然，说不定可以免除几多灾难。"昭宗为缅怀刘蕡之义举，追赠他为左谏议大夫，谥文节，封昌平侯，寻访其子孙，并授以官职。

刘蕡生前，有两位诗人朋友，一为王建，一为李商隐。王建得知刘蕡生病，写诗传书表示慰问。"年少病多应为酒，谁家将息过今春。赊来半夏重熏尽，投著山中旧主人。"在这首《寄刘蕡问疾》诗中，呈现出不为朝廷所用的底层士大夫的潦倒命运，诗人王建建议刘蕡燃烧"半夏"这味药材熏香消毒，惺惺相惜之情跃然纸上。

在刘蕡生前，李商隐有赠诗。唐大中元年（847年），刘蕡从贬所放还。大中二年（848年）春初，刘蕡回京途中与李商隐在黄陵（今隶湖南湘阴）意外相逢。《赠刘司户蕡》云："江风扬浪动云根，重碇危樯白日昏。已断燕鸿初起势，更惊骚客后归魂。汉廷急诏谁先入，楚路高歌自欲翻。万里相逢欢复泣，凤巢西隔九重门。"诗中，"已断燕鸿初起势"，写出刘蕡当初起势则横遭扼杀的悲苦命运。当代学者刘学锴从"骚客后归魂"入手，并根据新发现的刘蕡儿子的墓碑，提出刘蕡另外一种结局的观点：刘蕡从柳州北归，升迁澧州员外司户后，于湖南邵州（今邵阳市）新邵县新田湾隐逸终老。

在刘蕡去世后，李商隐更有四首缅怀之作，再三致意，足见其师友情谊。一则"一叫千回首，天高不为闻"。再则"空闻迁贾谊，不待相孙弘"。更有诗句："上帝深宫闭九阍，巫咸不下问衔冤。"慨叹其冤屈蹭蹬的命运，矛头所向，隐晦地批评上天（皇帝）闭目塞听，不能举贤任能。而“去年相送地，春雪满黄陵”“并将添恨泪，一洒问乾坤”“平生风义兼师友，不敢同君哭寝门”……自黄陵别后经年，得知刘蕡去世，李商隐多次长歌当哭，泪洒江天，深切地表达对好友的追忆与缅怀。

“人生自古谁无死，留取丹心照汗青。”刘蕡应科的一篇策论，使之流传千古。《旧唐书》《新唐书》《资治通鉴》等史书有传。清代史学家赵翼在《廿二史札记》中高度评价刘蕡的人格，称有唐一代敢与权宦奋死抱注、极谏相抗者“仅有一刘蕡”。清末民初蔡东藩撰《唐史演义》，作诗赞：“制举由来待有才，如何名士屈尘埃？雷鸣瓦釜黄钟毁，无怪灵均泽畔哀。”

广西柳州的贤良祠

宋代学者洪迈著《容斋随笔》，其中对“刘蕡下第”条下按语说，当初宰相是裴度、韦处厚、窦易直，窦易直就不去说他了，但裴、韦是贤明的宰相啊，却在刘蕡这一桩公案上有失公允，以至于抑制其言论，难道不愧于心吗？王溥撰《唐会要》，一方面，称誉刘蕡勇毅，朝臣懦弱，60多年过后再行追赠，虽说补过，又有什么用，另一方面，指出刘蕡不得重用，未尝不是刘蕡的幸运，说不定刘蕡虽然能够激扬文字，却未必真能力挽狂澜。陈泊读刘蕡的策论，赋诗一首：“药石危言治乱箴，贾生晁错是知音。可怜当日司文者，不畏人言合愧心。”一方面称说刘蕡为贾谊、晁错的同调，一方面谴责当时的考官，应该有愧于心。与之相同，大诗人陆游则表达其类似的观点：“志士仁人气薄云，唐家惟有一刘蕡。看渠放逐蛇龙手，那肯驱蝇与拍蚊。”他赞颂刘蕡是有唐一朝的志士仁人，气节高薄云天。回头审视那些放逐天才的裁判官们，别说批龙鳞、打老虎了，就连打打苍蝇、赶赶蚊子都做不到。

刘蕡下第，也因此成为一个典故。封建社会的士大夫阶层常以此自我解嘲：受儒家学说的教导，学而优则仕，但由于各种因素的制约，才能出众的人，可能得不到重用。明代画家朱耷（八大山人）作品《个山杂画册》之五，画中题诗：“下第有刘蕡，捉月无供奉。欲把问西飞，鹦鹉秦州陇。”意思是说，像李白、刘蕡之才，没有供奉，得不到擢升；而那些在朝廷里如鱼得水、游刃有余的圆滑之辈，都是在鹦鹉学舌、溜须拍马而已。特别服膺八大山人的后世著名书画家吴昌硕在一幅钟馗画中这样题诗：“一壶豪尽抛青春，行步蹒跚剧可嗔。进士生涯唯烂醉，刘蕡想见独醒人。”吴昌硕跨越传说与历史的界限，众人皆醉而一人独醒，因此设想驱邪捉鬼的钟馗和下第冤屈的刘蕡进行面晤对话。

在北京昌平刘蕡的故乡，元明清三朝为褒扬贤良，激励后人，建祠树碑，对刘蕡多有褒扬。元泰定年间，在昌平州西南五里（当时的治所在今天的旧县村）创设谏议书院。元至正年间，在州城之东建设祠堂，参政许有壬撰写碑文。明弘治年间，谭本彝移建学宫内部。明崇祯五年（1632年），刘荣嗣在西沙屯村刘蕡祠内树碑颂德，以激励策士，碑文由明代书法家董其昌手书。董其昌评价说：“刘蕡已经追授为谏议大夫，但人们还

现存昌平公园石刻园的刘蕡故里碑

称其为司户，意在保留对不公不平之事的愤慨。”清光绪年间，在刘蕡祠前立“刘蕡故里”碑刻，碑文由清初吴下人倪钦题写。碑原位于昌平区沙河镇西沙屯，现存昌平公园石刻园。

有明一代，拜谒刘蕡祠并留下诗作的就有茶陵李东阳、太平谢铎、武进唐顺之等十余人，李东阳《谒刘谏议祠》：“布衣人拂逆鳞龙，一代危言此地钟。香火制存身后庙，策时书在阁尘封。皤皤戴发余民改，折折穿山旧路重。欲向五陵还吊古，永安城外落霜钟。”唐顺之《题刘蕡祠》：“岁莫山城摇落时，客来下马拜荒祠。独伤往事生流涕，欲问遗墟不可知。璞玉无因轻易弃，龙鳞有逆信难披。登科今日还吾辈，颜厚于君何所辞。”既伤璞玉轻弃，又感龙鳞难批，还自警自省，透出自我批判的精神。

02 佛岩寺遗址摩崖

在昌平区南口镇羊台子村湾子附近，金代佛岩寺遗址附近的岩壁上，有一处摩崖石刻。石刻长55厘米，宽30厘米。文字从右至左，竖刻隶书，每行5字，共6行，其内容为："泰和四年三月十七日永安吕贞幹同弟子羽、景安、卿云、贞一乘游，姪益侍行。"

这短短的30个字，有着800多年的历史，虽然日晒雨淋，仍然清晰可辨。它不同于今天在名胜古迹或自然风景区的大煞风景的"到此一游"，蕴含着丰富的信息[1]。

金代佛岩寺摩崖石刻

泰和，指的是金章宗完颜璟使用的年号，一共8年（1201—1208年）。金朝（1115—1234年），正式国号称大金，是由女真族建立的封建王朝，

[1] 本文撰写参考周峰《金代吕贞幹摩崖题记考释》（《北京文博》2003年第4期）以及刘永安《金中都"永安"考》（《历史研究》2008年第1期）两文，在此深表感谢。

共传9个皇帝，享国119年。11世纪，女真诸部向契丹称臣。在女真30多个部落中，完颜部逐步统一了女真各部，并驱逐契丹的统治，建立了金朝。金建国后，在很短的时间内攻打下了辽朝的北方首都上京（在今内蒙古自治区巴林左旗东南），然后与宋朝建立海上之盟共同对抗辽朝。天会元年（1123年），灭辽成功后金朝获得辽朝的大部分土地，但辽朝降将张觉暗中与北宋燕山府宣抚使王安中联络，叛入北宋。虽然张觉后来被金朝逼死，但金朝仍以张觉叛变之事为由头，出兵讨伐宋朝。天会五年（1127年）金攻破开封，俘虏宋徽宗、宋钦宗等宋朝皇室北归，史称靖康之祸，北宋灭亡。宋康王赵构逃过一劫，并于宋朝南京归德府（今河南商丘）称帝，重建宋朝，史称南宋。

金熙宗继父完颜宗干之子完颜亮杀死熙宗，自立为帝，史称海陵王。完颜亮继位后，毁弃上京，设会宁府，将京都迁往燕京（今北京）。完颜亮之后，历世宗、章宗。金章宗在位前期明昌时期文化十分发达，历史上称明昌之治；后期泰和年间宠幸元妃，倚重外戚，政风下滑，国势衰退。那个时候，南宋北伐，力图收复中原，蒙古崛起，势统大漠南北，与此同时，金朝内忧外患，处于夹击之中，战事不断，风雨飘摇。佛岩寺遗址的摩崖石刻，记录日期为泰和四年三月十七日，即1204年农历三月十七日，指的就是这一时期。

摩崖石刻中的“永安”二字，自然表达的是游人的籍贯，但“永安”指的是什么地方？围绕这一公案，清代学者施国祁精心考证，有一重大发现：永安是金海陵王设立的州府，曾替代此前的幽都、燕京。在元人修的官方史书《金史》中，记录了海陵王迁都：“以迁都诏中外，改元贞元，改燕京为中都，府曰大兴。”这里还没有“永安”，但《金史·世宗纪》记载，大定十三年（1173年）上谓宰臣曰，“海陵迁都永安”。《金

佛岩寺附近的羊台子村

史·地理志》中在记述大兴府沿革的时候，曾有记载："晋幽州，辽会同元年升为南京，府曰幽都，仍号卢龙军，开泰元年更为永安析津府。"为什么取名"永安"？元好问的《续夷坚志》有这样的说法："海陵天德初（施国祁注：当作贞元初），卜宅于燕，建号中都，易析津府曰大兴。始营造时，得古钱地中，文曰'永安一千'，朝议以为瑞，乃取长安例，地名永安。改东平中都县曰汶阳，河南永安县曰芝田，中都永安坊曰长宁。"

这"永安一千"古钱，由五代十国时期盘踞幽州的刘仁恭、刘守光父子所铸造。永安钱币有铜、铁两种，铜钱存世量极少，铁钱存世量也不多。它表面文字形制独特，按照右左上下顺序旋读，另有"永安一十”“永安一百”“永安五百”不同币值单位。按照元好问的说法，海陵王完颜亮希望江山永固，千秋万世，世袭罔替直到永远，故改府名为永安。但“永安”作为州府的名称，只用了一年；作为地名，当地人众，包括金、元时期的一些士大夫阶层，沿用了十数年，甚至数十年。比如，耶律楚材诗文中曾使用“永安”一名来指称燕京。其《寄妹夫人》诗云：“三十年前旅永安，凤箫楼上倚阑干。”1218年，耶律楚材应成吉思汗征召前往天山之北，他自述其行程路线：“予始发永安，过居庸，历武川，出云中之右，抵天山之北。”

弄清时间、地点问题，那“乘游”的一干人等又指何人呢?

吕贞幹，金代李纯甫《屏山故人外传》中有这样的记载：“吕氏自国朝以来，父子昆弟凡中第者六人，以六桂名其堂。贞幹字周卿，尤自刻苦，酷嗜文书，著碣石志数十万言，皆近代以来事迹。幽隐谲怪，诙谐嘲评，无所不有。在史馆论正统，独异众人，谓国家止当承辽，大忤章庙旨，谪西京运幕，量移北京，致仕。自号虎谷道人，晚年感末疾，又号吕跛子，自作传以见志，闲闲公亦以为笃志君子也。弟士安，字晋卿；卿云，字祥卿；子鉴，字德昭。皆名士，唐卿其从子云。”吕贞幹是大兴人，大定末年的进士，他著有《碣石志》。碣石是一地名，曹操《观沧海》“东临碣石，以观沧海”。在三国时期，碣石是临海的一座山，有六朝以后就沉沦于海的说法，但吕贞幹著有《碣石志》，虽然“幽隐谲怪，诙谐嘲评”，但并非一部虚构想象的“山海经”，而是记录当时的事迹。碣石，有人认为是今天秦皇岛市昌黎地区的碣石山。金朝在皇统二年（1142年）废除辽朝在碣石山所在地设置的营州，并于大定二十九年（1189年）改原县名“广宁”为“昌黎”。《碣石志》者，很可能是吕贞幹在昌黎县一带翻山越岭，实地考察之后撰写的一部人文地理的志书。可惜，岁月久远，这部书湮没无闻，存世一时就失传了。

《屏山故人外传》中“论正统”，则牵涉金章宗时期的一桩大事，那就是有关金朝德运的争议，亦即尊奉哪一个前朝为正统。当时，有四种观点，第一种观点，无论继承哪一个朝代，金朝都应为金德；第二种观点，以唐朝为正统，唐为土德，金为金德；第三种观点，以宋朝为正统，宋既为火运，金就为土德；第四种观点，奉辽朝为正统，继辽运水德，本朝金朝为木德。在这个问题上，吕贞幹认为“国家止当承辽”，认同木德说。五德之说是中国战国时期的阴阳家邹衍所主张的历史观念，根据金、木、水、火、土相生相克的关系，推演朝代更迭演进。按今天的观点，本为无稽之谈，但在古代中国，却是事关正统、运数的大事。根据《屏山故人外传》所记，吕贞幹因此被贬官，先后任西京（今大同）路和北京路的转运司职官，最后退休。这一事件发生在泰和二年（1202年），距离佛岩寺遗址的摩崖石刻所载事件，只不到两年时间。

根据《屏山故人外传》的记载，吕氏一家是文化望族，父兄子弟先后有6人中了进士。其中，史志文献中有关吕子羽的记载更丰满。元好问《中州集》中列《吕子羽小传》，“子羽，字唐卿，大兴人，大定末进士，仕至陈州防御使。元光末，为酷吏所诬，以乏军兴系狱。比赦至，唐卿自缢死。朝臣有辨其冤者，诏复官。希颜为制辞云：毁誉之来，在仁贤而不免；是非之论，至久远而乃公。人谓唐卿于此语为无愧。”吕子羽，明昌二年（1191年）中词赋进士第，泰和四年（1204年），曾作为开封府治中的吕子羽，作为详问使到南宋议和，但被南宋拒绝。后任陈州的防御使，也就是陈州的军事首脑。最后被人诬陷，罪名为“乏军兴”，也就是耽误军事物资的征集调拨。

关于吕子羽这一桩冤假错案，刘祁在《归潜志》中有更详细的记载：

“吕陈州子羽，字唐卿，大兴人，少为名，进士擢第。南渡为左司郎中，坐事免官。后同知开封府，迁陈州防御使。时军旅数兴，户口逃窜，公因以实闻于朝，而小人李焕以为不忧国、失军储，下吏当死，公耻之，缢于太康驿。后朝廷知其无罪，复其官。公入仕，以能称，读书为文有士大夫风。致死非其罪， 天下伤之。”由此条可见，当时征集军事物资，也以户口为赋税的依据，吕子羽道出“户口逃窜”的事实，却因此落下了“乏军兴”的罪名。

身为词赋进士，吕子羽有几首诗留存于世。《钦定四库全书》御订全金诗增补中州集卷三十八，收录了四首吕子羽诗。《李白醉归图》：“春风醉袖玉山颓，落魄长安酒肆回。忙煞中官寻不得，沉香亭北牡丹开。”《至日》（应该是冬至日）“岁晏多风雪，官闲深屋庐。小诗穷则变，美酒数斯疏。未草归田赋，空翻引睡书。窗明添眼力，已觉日光舒。”《广平道中》（今属河北邯郸）：“风色着黧面，霜华侵老须。昏埃埋故驿，积雪缟修途。冻岫新诗句，寒林古画图。夜寒孤月上，天地一冰壶。”《宿章义广胜寺》（在今沈阳铁西区）：“小邑本无事，我来劳简书。路长频问马，人静厌烹鱼。钟冷僧参外，灯残客梦余。此心谁领会，松月夜窗虚。”从这些诗歌中涉及的人文地理，可以勾勒出吕子羽的行踪足迹，还可以看出其诗艺水准与思想境界。

山东黑龙潭老龙窝附近，有榜书一方石刻，其文为“天绅泉”，下署“明昌五年（1194年）九月二日吕子羽书”款。据此可知吕子羽曾东游泰山，并濡墨榜书，刻之泉下。另据宋朝王彪《赋吕唐卿海藏斋》：“虚白云中含世界，软红尘底寄虚舟。只应乌帽红尘底，相见苍烟白鹭洲。”由此得知，吕子羽当时的书斋名为海藏斋。

摩崖刻石中的“卿云”，《金史》也有记载。金承安五年（1200年）

当地的石片屋顶

十一月乙卯，金章宗准备任命时为国史院编修官的吕卿云为左补阙兼应奉翰林文字，但审官院认为吕卿云的资历浅，不同意这一提案。对此，章宗说："明昌间，卿云尝上书言宫掖事，辞甚切直，皆他人不能言者，卿辈盖不知也。臣下言事不令外人知，乃是谨密，正当显用，卿宜悉之。"看来，章宗赏识吕卿云，对他多年前的表现仍然记忆犹新。

综上，以时间为序列简表如下：

1191年，吕子羽中词赋进士。

1194年，吕子羽东游泰山，榜书"天绅泉"。

1200年，金章宗提议吕卿云升任左补阙兼应奉翰林文字。

1202年，吕贞幹因议德运贬官，先谪西京运幕，后量移北京。

1204年，吕氏兄弟游佛岩寺，吕贞幹留摩崖石刻。同年，曾作为开封府治中的吕子羽，作为详问使到南宋议和，但被南宋拒绝，金宋战事又起。

1222年，吕子羽以“乏军兴”系狱。虽金宣宗大赦，但耻于受诬，自缢。

这篇摩崖石刻，还有几处需要辩正。一为“和”字，石刻中为异体字“咊”，金文、小篆都这样写，但隶书中比较少见。“和”字，在东汉许慎的《说文解字》中作如下解释：“相磨也。从口禾声。”所谓一唱一和，正是许慎对和字本意的解释。此字从音乐和谐发展为气候温和、人际关系和睦。金章宗在位20年，曾用3个年号，从明昌到承安再到泰和，太平祥和，正是“泰和”年号的寓意。而“姪”（指兄弟之女）字，体现出有金一朝古代汉语汉字的使用。在汉字演变历史中，当时对这一亲属的称谓作了男女性别之区分。而后文称“侍行”，则说明时人，尤其是文人士大夫阶层对辈分、对伦理的强调。

03 尝尝康陵的正德春饼

网上查到康陵村，满篇说的都是春饼。

说起春饼，唐代杜甫有这样的诗句："春日春盘细生菜"，诗人在避乱流离、形容枯槁之际，想起两京饱食厌饫的日子，盘出高门，菜传纤手。唐《四时宝镜》则记载："立春，食芦、春饼、生菜，号'菜盘'。"由此可见，唐时已经开始行春盘、吃春饼了。宋元丰七年（1084年），苏东坡来到洛水淮河一带的南山，以其一贯宠辱不惊、自足乐天的心态，写有《浣溪沙·细雨斜风作晓寒》一词："蓼茸蒿笋试春盘，人间有味是清欢。"明代宦官刘若愚著有《酌中志》，内中记载了有明一代宫廷的生活史料。"立春之时，无贵贱皆嚼萝卜，曰咬春。互相请宴，吃春饼和菜。"春饼和菜，成为礼尚往来、互相宴请的标配。

所谓春饼，其实是一种烫面薄饼，用两小块面，中间抹油，擀成薄饼，烙熟后可揭成两张。春饼卷菜，菜分生熟，熟含酱炒。生菜，如一水的黄瓜和小葱；酱菜是酱肉铺的肉菜，最典型的是酱肘子；炒菜，配的几种家常炒菜，通常有韭菜炒豆芽、摊鸡蛋等。这些生熟酱炒，一起卷进春饼。传说，吃了春饼和其中所包的各种蔬菜，能使农事兴旺、六畜茁壮。有些地区认为人吃了包卷芹菜、韭菜的春饼，会更加勤（芹）劳，生命更加长久（韭）。而且，吃春饼还讲究有头有尾，就是吃春饼前用羊角葱丝蘸甜面酱，抹到春饼里，夹上合子菜一卷，从这一头吃到那一头。"靡不有初，鲜克有终。"这有头有尾的吃法与吃相，寓意着万般诸事均应善始善终的人生哲学。

至于咬春，清代富察敦崇在《燕京岁时记·打春》中记载："是日富家多食春饼，妇女等多买萝卜而食之，曰咬春，谓可以却春闹也。""春闹"，我疑心指的是春季青黄不接闹饥荒。一个"却"字，有了却、除却、摒除的意思。清代另有《咬春诗》："灵根属土含冰脆，细缕堆盘切玉匀。”咬的是萝卜，不是整个儿囫囵着咬，而是切成细丝。后来京师一带盛行樱桃水萝卜，红皮白心，“冰脆”正可形容其咬在嘴里爽脆的感觉，有声有色。著名的摄影师焦波拍摄有《乡村里的中国》一片，记录了山东淄博杓峪村至今流传的一种风俗：立春，入夜，围着篝火，由村中长老主持孩童“咬春”，锣鼓声中击鼓传花一般。黄发垂髫，怡然自乐。

时令已是孟夏，但康陵村的春饼，能把一时的佳肴做成铺满全年的家常招牌，相信其中必有令人回味的风情。于是，在一个夏日的清晨，我们驱车前往，赶在树上的知了鸣叫之前，赶在京藏高速拥堵之前。

在京藏高速西关环岛，听从车载导航的指令，我们转入京银路。一路向北，跨过东沙河，在燕子口桥再转泰燕路。在平缓的沟谷和蜿蜒的山道盘绕，满目苍翠，一片一片的野草闲花。新近铺就的柏油马路上，山道骑行的黄色地标分外醒目。谁会骑车来这大峪山呢？正疑惑间，一个外国女子，背着太阳迎面骑行而来。路旁低矮的树林里，闪现出戴着面罩的养蜂人。

在这世外桃源，晨露濡湿了蜜蜂的翅膀，蜂房流出了甘甜的琼浆。

从西南进入康陵村，村口第一家是康陵正德正宗春饼宴20号院。我们把车泊在泰燕路东南一侧的停车场——那是20号院主人开辟的私家停车场，开始步行丈量整个村庄，也开始与遇到的村民攀谈，探索康陵村春饼的历史与今天。

康陵，正是明武宗朱厚照的陵寝所在。朱厚照，明朝第十位皇帝，在位16年，年号正德。史书上对他的评价褒贬不一。一说他赈灾免赋，招贤纳才，戡乱治国，刚毅果断；一说他荒淫无道，喜好玩乐，致使国力衰微。作为皇帝，他实在有些任性、胡闹。正德十二年（1517年），他偷偷离开京郊的豹房，前往边防重镇宣府，征讨鞑靼。他给自己封官晋爵，称“总督军务威武大将军总兵官”，号“镇国公”，甚至改名“朱寿”，向户部领取每年五千石的俸禄。一场大战下来，五天五夜，最后以鞑靼败退告终。《明实录》记载了这次“应州大捷”：斩虏首十六，我军死者五十二人，重伤者五百六十二人。

正德十四年（1519年）六月十四日，江西宁王朱宸濠杀死朝廷命官，率众作乱。朱厚照找到借口，再次御驾亲征。这可为难了南赣巡抚、一代名儒王阳明。本来，能文善武的王阳明已经平叛，还把宁王解押到了南京，但朱厚照却不准受俘。最后王阳明总算明白，重新报捷说所有功劳全是大将军朱寿先生的，靠他老人家的威德和方略，这才能够迅速平乱。这还不够，朱厚照还出幺蛾子，要王阳明放了宁王，自己再去擒贼，从而上演了一出瓮中捉鳖的闹剧。

就是在受俘南京的回程中，朱厚照旅次清江浦，自驾小船捕鱼嬉乐，却不慎跌到水里去了。不善游水的他手忙脚乱，一阵扑腾；亲侍们虽然赶忙把他救起来，但水呛入肺，加之惶恐惊悸，秋日着凉，引发了肺炎。《明史·武帝本纪》载：“九月己巳，渔于积水池，舟覆，救免，遂不豫。”从此返京，走走停停，正德十六年（1521年）正月，朱厚照一行才回到北京。皇帝的病根落下，以致不起，三月丙寅驾崩，时年31岁。

朱厚照一生胡闹，临终倒是颁发遗诏，罢黜威武团营，遣还各处边军，革去京城内外皇店，释放豹房番僧及教坊司乐，大赦天下释放系囚，归还四方所献妇女，停止不是很着急的工役，没收宣府行宫金宝将之还归内库。还召令兴献王长子嗣位，是为明世宗嘉靖皇帝。五月己未，上尊谥，庙号武宗，葬于康陵。

“先有康陵后有村。”康陵村原是守陵人世代聚居之地。赵、王两家，住在方方正正没有“炮楼”的古监墙内，自成一统，炊烟绵延500多年。从古到今，三五十户人家，两三百口人丁，生死嫁娶，总保持着大致平衡。间有外姓增加进来，但赵、王两家仍然是大姓，往上追溯，或许同祖同宗。

村东口，在一尺来高的平台上，螭首龟趺驮着一座无字神功圣德碑。向西百十步，则是康陵的陵门。我们去时不凑巧，碰到“铁将军”把门，只能沿着椭圆形制的一圈高墙，远远张望。经受岁月的洗礼，高墙墙砖有些斑驳，表面凹凸不平。在一方平整的墙砖上，“正德拾年丘县窑造”几个字赫然在目。这是当年的贡砖，可以遥想当年，在官府的监制之下，临清的砖匠一遍一遍地筛土，一层一层地码砖，然后把烧制好的青砖送上运往京师的征程。

查历史资料，康陵建制如下：陵寝建筑由神道、陵宫及陵宫外附属建筑三部分组成。神道上建五空桥、三空桥各一座。陵宫建筑总体布局呈前

苍松掩映下的古城明楼

方后圆形状，占地2.7万平方米。前面有两进院落，第一进院落，以祾恩门为陵门，单檐歇山顶，面阔三间。院内建祾恩殿及左、右配殿，各五间，神帛炉两座。第二进院落，前设三座门，内建两柱牌楼门及石供案，案上摆放石质香炉一，烛台、花瓶各二。方院之后为圆形宝城，在宝城入口处建有方形城台，城台之上建重檐歇山式明楼。楼内竖圣号碑，上刻“大明武宗毅皇帝之陵”。陵宫外还有一些附属建筑，如宰牲亭、神厨、神库、祠祭署、神宫监、朝房等。

一个皇帝主政十几年，到底能留下什么？一方落寞的青冢吗？推而广之，人生一世，草木一秋，又能给社会留存什么？“千秋万岁名，寂寞身后事。”大不过一抔黄土。只有自然，还在那里运转不休，四季更替，春荣秋枯。康陵再往北就是莲花山了。四周一片寂静，只有山风吹拂着树叶沙沙作响，浓郁的艾草气味弥漫在空中。两只蝴蝶在上下翻飞，几头蜻蜓忽高忽低，青青的核桃挂在枝头，黄红的杏果落满一地。白嫩的蘑菇藏在潮湿的树瘤上面，却坦然地迎接明亮的惊喜的眼睛。柴扉锁住了充满生机的菜园，却锁不住里面断断续续的几声犬吠。

除了历史上的笑话与闹剧，倒是流传下来的正德春饼，给有些封闭的村庄带来了活力，给慕名而来的游客带来了口福。传说中，明武宗朱厚照一次南巡，沿着运河来到淮安府的清江浦。这里景色宜人，他耽于垂钓，连吃饭的工夫都守着钓竿上的动静。侍从特备薄饼，卷以淮扬菜肴。武宗吃过之后，齿颊留香，不禁大加赞赏。从此，正德春饼便流传开来。被带回宫中的正德春饼，逐渐成了北京的一道风俗饮食。

问过当地村民，在大规模开办农家乐之前，这里的乡民也烙春饼，只是零星自给，并不成气候。直到2006年，中国社会科学院研究员商传先生根据明武宗生平、所处的历史时代特点，结合从南方引进“春饼”的历史

白嫩的蘑菇藏在潮湿的树瘤上面，坦然地迎接惊喜的眼睛

逸事，建议康陵村开发“春饼宴”农家乐，正德春饼宴这才如雨后春笋般发展起来。

临近中午，走过来，转过去，一只瘸腿的猫前后碰到三次了，康陵村的几条巷子已经来回走了好几趟。四处悬垂着红色的“康陵－春饼－宴”木质招牌，到底哪一家最正宗？跟随一位“老村长”的指引，来到他儿子家的26号院，却被告知临时前往，恕不接待。那天一早因为北京城城内有雨，来郊区这个村庄的游客似乎并不多，没想到这一家如此火爆。于是，我们辗转来到了村委会边上的一家农家乐。这里的餐桌摆放在葡萄架下，这里隔墙送过秋千的影子。

甫一坐定，真就菜传纤手。不用点菜，哗啦啦上来一满桌，络绎不绝：粽子、蒜肠、鹌鹑蛋、贴饼子、花生毛豆、小西红柿、黄瓜小葱、玉米糊、蒸南瓜、炸咯吱、摊鸡蛋、拌苦菊、凉拌穿心莲、炝炒土豆丝、韭菜炒豆芽、清水煮豆泡，当然，还有一碟油亮的酱肘子，一盘薄如蝉翼的春饼。数一数，得有二十来个品种，哪里吃得完。可结果，除了蒜肠和炸咯吱，我们是象征性地尝了一点后退回给主人，其余盘盏全都一扫而光。

回味春饼的滋味，细数头顶青青的葡萄。一群活泼的孩子，在旁边的秋千上荡啊荡啊。拽紧绳索，小脚丫荡上云天，惹起一串笑声与尖叫。此前独自一人在厨房前玩水的女孩，很快和游客中的一个小男孩熟络起来，一声一声的小哥哥，叫得亲热、清脆。父母在树丫间绑定了吊床，他们就轮番躺上去，交替着摇。累了，倦了，两个小脑袋凑在一块儿煞有介事地查看核桃树干上凝结的树胶，观察树底下成群结队的蚂蚁搬家。一条黑色的小狗，从这一桌的桌子底下窜到另一桌，讨好地摇着尾巴乞食。

一人来高的石板屋，已经倾颓，此前应该是归置生产用品的场所

这一餐，人均50元。相对于北京城的餐饮消费，我们都觉得赚了。后来才得知，要是人多的话，人均只要40元；超过10人，主人还会免费馈赠鱼、肉等硬菜。随便进到哪一家，都是这样浓重地铺陈上来，菜品大同小异，但滋味呢，借用一位村民的说法，同一样食材，不同的厨师，做出来自然千差万别。

轻拍着鼓胀的肚皮，散步在林荫小道。同行的伙伴笑说看过一篇游记。文章记述，当地一位老人回应游客的询问，还是我们这旮旯好，不去北京，北京太偏远了。这回，在康陵村游玩，也听到了类似的声音："我们康陵的饼啊，和北京烤鸭就不同，烤鸭那靠蒸，我们是用烙！"

一棵知道很多故事的树

在康陵村，有3棵寿星树——两棵国槐，一棵银杏。

两棵树龄超过500年的国槐，矗立在东边的村口。两棵树相距不过50步，好事者称其为"夫妻槐"。"根，紧握在地下；／叶，相触在云里。／每一阵风过，／我们都互相致意，／但没有人，／听懂我们的言语。"所谓以我观物，泪眼看花，人们，尤其是诗人，总喜欢把自己的情感、生命灌注在自然的物体上面，向美好的永恒的事物曲折地、幽微地表达愿望与祝福。这里，诗人借两棵并肩的树，称颂矢志不渝的爱情："我们分担寒潮、风雷、霹雳；／我们共享雾霭、流岚、虹霓。／仿佛永远分离，／却又终身相依。／这才是伟大的爱情，／坚贞就在这里：／爱——／不仅爱你伟岸的身躯，／也爱你坚持的位置，／足下的土地。"（舒婷《致橡树》）

两棵树龄超过500年的国槐，矗立在东边的村口

对于树来讲，所谓“坚贞的爱情”多少有些附会，最切实的还是树比人长寿的奇迹。经受住寒潮、风霜和霹雳，那棵由爷爷的爷爷种植的树还兀自挺立在那里。虽然皮肤已经龟裂，体态有些龙钟，每一年寒冬过后，那苍老遒劲的树干仍然泛出新绿，发出新枝，结出硕果。它一身仙风道骨，带着前世的密码；它穿越历史，裹挟着世纪的长风。相比而言，自信为万物灵长的人类，却常常发出人生苦短的感慨：“生年不满百，常怀千岁忧”“修短随化，终期于尽”。人世有代谢，死与生，往与来，就酿成了前后承继，古今更替。

在两棵古槐的臂弯之中，筑巢的喜鹊飞走了，又有新的喜鹊飞来；在它们的臂膀之下，守陵的一辈人谢世了，又有新的一辈人在这里生息。处于村口最显眼的位置，两棵槐树成为最先映入眼帘和最后淡出视线的地标。带着温度带着丰沛的情感注视着它们的，是从这里嫁出去走出去的儿女，是少小离家老大回的孩子。离开生于斯长于斯的村庄，频频回头，那低矮的房屋已经看不见了，只有那高耸云天的枝丫，还承受着离去时婆娑的泪眼。结束一生漂泊叶落归根，返回魂牵梦萦的故乡，近了近了，远远望见天空中的一丝倩影，不由得加快了载欣载奔的脚步。

现如今，这个略显封闭、传统的村庄，迎来它最大的变化。老树新枝，康陵村村口的两棵古槐，目睹并见证了正德春饼宴的全面繁荣。它们张开手臂，迎接着也欢送着来到这里的客人。可不是？一拨又一拨的游客到来，给这个静寂的村庄带来活力，带来了青春。那些年富力强的汉子与心灵手巧的媳妇，设计、建设、规划楼宇房间，预备、置办、烹饪佳肴酒席，接待来自四面八方的客人。有流水入账，生计就不发愁。就连那些原先无力补贴生活的老人和妇女，现在也在村口摆上小摊，出售自家栽种的时令水果和新鲜菜蔬。

白里透红的杏、甜中带酸的梨，枝枝叶叶樱桃鲜，岁岁年年柿子红……这里的水果，都是清晨刚从树上采摘下来，还带着露水和茸毛。还有连蒂的南瓜、络缨的玉米，紫苏则是带着泥土，可以移栽的紫苏！康陵的村民实在、纯朴，售卖的东西价廉物美，水果随便品尝，自然不是锱铢必较，有的还论堆儿论盆儿。有时，得到游客的点头和赞美，卖主心里一高兴，还会再免费添送几枚。反正是自家产的，多少换两个钱，就够了。

这，并不意味着康陵的村民缺乏经济头脑。我们的来访正好赶上端午前一天，在节日的茬口，他们从山坡收割高高的艾草——依传统习俗，端午时悬挂门口，有祛恶辟邪之功，分成一小束一小束的，用丝线扎起来，像兜售寓意幸福的玫瑰一样，向游客中的年轻情侣发出难以拒绝的诱惑：“给你的爱人送上艾（爱）吧。”

如果说村口的两棵古槐担负着轮值守望和迎来送往的任务，村子中央的那棵银杏，则为康陵村擎起一个笼罩八隅的九霄华盖，为村民提供一个遮风避雨的温馨港湾，为乡村这个熟人社会营造一个交流信息、交流情感的公共空间。

这棵银杏树，人们习惯称它为帝王树。老辈人传说："先有帝王树，后有康陵宫，再有康陵监。"由此可见其悠久的历史。据专家考证，此树树龄800多年，真正岁齐彭祖。相比国槐有些"糟"了（一个村民的说法），这株银杏，还硬朗得很呢。每年，每季，它都会如期焕发青春，如期捧献累累硕果。

银杏是树中的老寿星。它生长缓慢，寿命却极长，自然条件下从栽种到结果（银杏果俗称白果）要20多年，40年才开始大量结果，因此有人称它为"公孙树"，取"公种而孙得食"的含义。前人栽树，后人乘凉。今天，康陵村的村民们，在这风水宝地，托庇祖荫，享受着祖先的恩泽。

在整个北京，就我所知，有3个地方的银杏较为知名：潭柘寺、大觉寺，还有就是康陵村。前两处的银杏身处庙宇梵宫，得香火的熏染，信众的膜拜，自然附带着浓烈的宗教色彩。相比而言，康陵村的这一棵银杏，生在民间，长在民间，最富生活气息。在它广阔的羽翼之下，康陵村的一辈辈村民，就宛若其儿女、其子孙。儿女绕膝，不，如今只能在其脚跟盘绕，这株银杏看见孩子们的成长，听见生命中的欢笑与哭泣，知道很多很多平凡而有趣的故事。

家在树旁边的赵叔，年过半百，在下午两三点钟的闲暇时光，打开了话匣子，滔滔不绝："孩提时候，小伙伴们比赛着爬树，看谁爬得最高。还掏鸟窝，还打白果，淘气着呢。现在的孩子，谁有那个能耐爬树呢？谁还愿意爬树呢？再说了，自从发展旅游以来，也不让爬了。今年也没喜鹊窝了，去年的一阵大风，吹落了鸟巢，还吹折了一股大枝丫。枝丫掉下来，把对面那一家阳台的护栏都砸坏了，国家还赔了钱。我屁股下的这个凳子，还有边上这几个，就是锯下来的，这圆凳子，你看多敦实！你们坐的长凳，还是我花几百块钱买来的一方原木呢，摆在这里，谁爱坐谁坐。你问树上面挂的红灯笼，还有祈福条？那都是旅游局搞的，我们没弄，挂就挂那儿吧，喜庆不是？这日子嘛，不赖，真的不赖……”

赵叔和他的妻子经营着春饼生意。“农家饭嘛，赶不上大饭店的手艺，但图个新鲜，有点风味。”因为缺人手，没有精力打理住宿，只在二楼屋顶支了凉棚，置了桌椅，以应付更多就餐的食客。聊天间隙，一群人过来看他待租的房屋，我也跟着走过甬道，穿过圆形的拱门，看他一壁厢挂着的鸟笼，登上楼梯，瞧他二层空着的七八个房间。而他家隔街对面的一户人家，一年前就出租了。每隔三五天，从城里开来一辆小车，兜来肉、蔬菜、水果，在这里度假、消夏。女人忙乎着擦拭桌椅；男人爬上二楼，给楼顶边沿的花盆浇水施肥；在撩起又放下的窗帘旁，则闪现过一颗小小的脑袋。

夏日的午后，太阳当顶，银杏树以其庞大的树冠撑起了大片阴凉。从屋檐和枝丫牵出几条线绳，微风吹拂，线绳上的五彩风车就哗啦啦地转动起来。蝉在振翅，高一阵低一阵地唱着单调的歌。突然一声清脆的响声，那是青青的白果陡然辞枝坠落，敲在屋顶的洋铁皮上，然后又弹跳着滚落到地面上来。本村的一个孩子，骑着玩具三轮车，绕着银杏的围栏转圈。又一群孩子嬉闹着跑过去，又折了回来。两名女游客，牵着涂着蓝色尾巴的泰迪小狗，悠闲从容地踱着方步。又一小队游客，妈妈正在告诉仰着头的小姑娘银杏的年岁；应该是丈夫和父亲的男子，则从身边的灌木丛中摘得一个叶尖，当作香椿芽嚼了嚼，然后吞吃了下去。

从喧嚣的城市，到宁静的乡村，游客满眼都是青翠的草、明亮的花

本村的一个年轻媳妇，带来刚刚学步的孩子。旁边的大嫂问她："今天来人多不多呀？"年轻媳妇漫应道："没什么人，来的都是两三个两三个的，费料，费劲，还没什么赚头。"那边又问："不是有一大桌人还要住下来，听说要烤羊肉串？"年轻媳妇说："可不是，老赵在家忙活呢！"大嫂接口说："你老公能干，厨艺好，桂枝你可享福了。"双方都笑了起来。这时，一个本族的老人走近，年轻媳妇扶着孩子的手臂，连声说，快叫爷爷，叫爷爷……

这一切，古老的银杏树都默默地注视着，微风吹动扇形的叶子，它们是在耳语？是在发出会心的微笑？苍天之下，哪一家的夫妻不够和谐，哪一家儿女不太孝顺，哪一家违规占用了土地，这两天被政府拆除了私营违建，诸如此类，一对夫妻的感情，一个家族的故事，乃至整个村庄的历史，借最传统的口耳相传的人际传播，实现了最有效率的信息交换。大树做证，村子里生活公开，几乎没有什么秘密。和原子一般孤单的城市人不同，在这里，八代祖宗的脉络、家长里短的隐私、邻里周遭的关系，谁都门儿清。鸟飞过后留影子。或许是叶间的风，把村子这一头的消息，很快就传到村子另一头。

近几年来，随着旅游业的开展，这里更增加了一些关于游客的故事，传布着有关接待的趣闻。银杏树知道，每年五六月份，都有夹着公文包的卫生所来人，挨家挨户检查卫生，查验厨房的大小，核实洗碗机、消毒柜的归置情况，此乃年度的"验照"。银杏树也知道，在对外承办住宿的农家乐业务中，有醉酒的游客半夜高声喧哗、发酒疯；有时，淳朴的乡民并不完全遵照先交押金后接待的惯例，有住了半宿的游客爬起来跑掉了，甚至还卷着铺盖跑掉了！"每年都有一两起。"宽容的乡民们将这些不太文明的现象当作笑话来讲。

自然，村庄早就接上了自来水，更是用上了垃圾处理系统，煤炉子也得到了整治，天空越来越蔚蓝，环境越来越清爽，日子呢，不管开还是没开农家乐的家庭，都借这一股新时代的东风，越过越红火了。

一位"老村长"的悠长故事

在村子西南泰燕路路旁，沿着一条林荫小道，我们信步而行。

路边的院落里面，蔓生着茂密的红薯藤，豆角的触须已经攀爬有一人高了，辣椒开出白色的小花。一条棕色的小狗，蜷卧在地上打瞌睡，听人走近，警惕地竖起耳朵，旋即又低下了头。叮叮当当的声音从里面传出，看院落一角堆放的建材，我们知道，这一家的主人正忙于装修，不久的将来，新的一家农家乐就要拔地而起。

再往前走，就能看到左前方的古监墙了。原初，康陵村被古老的监墙围成一圈，是一座没有碉楼的大明古堡。现如今，西北、东北一侧的监墙已被拆除，剩下西南、东南两侧最为完整。这是一段明朝时期砌成的厚实的青石墙，最高处20多米。据说，这些古墙是用白灰、米汤添加了猪血砌成的，分外牢固，所以在历经了战火、动乱后依然留存了下来。古监墙上，外侧一面的石头，像一块块硕大的鹅卵石，平滑如砥，虽不规则，却错落有致。

就是在监墙南端外的水泥路上，我们碰到了康陵村的“老村长”。

保存完整的古监墙

一位精神矍铄的老人，正在为一名游客指点迷津。那位姑娘的同伴走丢了，着急间虽然电话联系上对方，却说不清方位和路线，只好向村民求助。刚好，有在附近遛弯的老人，顺利地为她解决了麻烦。等姑娘道谢走远，我们跟这位老人攀谈了起来。

一开始，老人就告诉我们，他曾经是这康陵村的村主任。因为彼此都带着口音，我有些将信将疑，再次询问，不错，就是做了30多年的“老村长”。我想，在淡然轻松的语调下面，他一定充满着自豪，向我这位好奇的陌生的外人，细说自己村庄的历史——那也是他主政一方最辉煌的历史。饱经风霜，他一定翻过附近的每一个山头、每一处褶皱，捋过村庄的每一棵树木。因此，说起前尘往事，老人如数家珍。

老人姓赵，就是康陵守陵人的赵、王两大姓氏之一，今年高寿八十又七。他告诉我们说，少年时候正好赶上抗日战争。父亲是一位老地下交通员，负责给山里山外的八路军递送情报，运送物资，曾经护送过当时共产党昌平县的县委书记，但可惜的是，在中华人民共和国成立前夕父亲因病去世。青春年少正值战乱，老人没有念过书，却做了康陵村时间最长的村官，一做就是30多年。“北京，我去过好多趟，到（人民）大会堂开会。就是没有文化，不然……”

三五十年前，一名偏僻村落的村干部，为何多次受到非同一般的重视？原来，这康陵村曾经是有名的京郊水果之乡，在改革开放之前，甚至在20世纪90年代之前，交通运输还没有得到高度发展，北京城的水果、蔬菜供应还得仰仗周边区县的鼎力支持。于是，赵大爷和他的村民，用马车和骡车装满成筐成袋的樱桃、杏、酸梨、白果、核桃、柿子，翻大峪山，过燕子口，转昌平县，送到北京德胜门外的挂购站。一般来说，他们跋山涉水，在沙河打尖，住上一宿，给疲惫的牲畜喂口料，给劳顿的人解解乏，第二天一早再出发。进城时负重，两天；回程时空车，一天；来回整整需要三天。有时候，因夏季雨水多，河水淹没了低地或桥梁，还得来回周折，绕着山坡山梁蹚出一条进京、回村的道路来。

早年间，康陵村每年给北京城贡献上百万斤的水果，纾解了首都的物资欠缺与困难。任一品种，像不那么压秤的白果，也有十来万斤；而像沉甸甸的灯笼柿子，一个季节下来，向北京输送起码得有二三十万斤。这种状况，一直延续多年，直到北京与外地的交通得到大幅度的改善，能够从四面八方调运物资，以满足市民们日益增长的消费需要，康陵村这才完成了历史的使命。现在，康陵村集体经营的水果树早就分产到户，各家收获的水果也都自产自销。远呢，不过到昌平到沙河，近呢，就摆在村口，细水长流，给前来观光的游客送上时令生鲜。另外，那些身体慢慢出现状况、劳动能力相对较差的老人，他们守着小小摊位，坐地收钱，何乐而不为？

正是因为盛产水果、山货，这里的村民没有挨过饿。即便是在三年困难时期，村民们也能填饱肚皮。在那个热情高涨的年代，年富力强的赵大爷带领着一村老小，到村子四围的莲花山上割草打柴，给熊熊燃烧的火炉预备柴禾。听赵大爷讲起陈年旧事，我仿佛看到这样的场景：浑身是劲儿的年轻“村长”，一马当先，以身作则，背负着两三百斤重担，依然脚下生风，为革命的愿景出一分力流满身的汗。

我们问赵大爷：“村子里的农家院号码，不是按照地理的位置依次排序，怎么东一家西一家的，搞得像迷宫一样？”大爷笑了，草创期间，没有想清楚，也就按照户口簿的顺序，的确给游客带来麻烦。现在呢，有的农家乐上了网，渐渐出了名，也不大情愿调换，就这样一直沿袭下来。还好，在这村子里，问到谁，谁都会热情地指点，不会因为竞争伤了和气。

群山掩映中的康陵村，演绎着动人的故事

“你好我好大家好嘛。”

至于孩子的教育，也还存在问题。前些年，农村的孩子少，适龄、同龄入学的孩童数量有限，附近几个村子合并起来，也不见得撑起来一个小学。那怎么办呢？孩子们只能到更远的地方去求学。一大早，孩子们就要起来，跋山涉水走好远。夏天亮得早还好，冬天可真是摸黑赶路呢。晴天也还凑合，若碰上刮风下雨，高一脚低一脚，不容易呀。这几年好多了，镇里开通了免费校车，但只有早上6点10分这一班，误了，就得自己想办法了。

说到自己的晚年，赵大爷说，自己的老伴去世好几年了，剩下自己单独过。4个儿子，都在村子里，有两家都开了农家乐。以前，长陵那边开了一家养老院，免费去住了半年，后来开始收费，一千八一月，赵大爷就回来了。原先，国家也有补助，每个月一千块，近两年降了，只有五百块了。

孟夏雨过艾蒿长，一地红杏鹧鸪天

我们沿着村子东南的一段监墙外的水泥小道，边走边聊。前面在翻修，一辆压路机翻开了地面，露出松软的泥土和凌乱的石块，夏日的雨水积在低洼的地方，形成大大小小的水坑。赵大爷嘱咐我们小心脚下，我们待要搀扶他时，老人却一个箭步，跨过去了。

康陵村一游，春饼、古树都给我留下了深刻的印象，但“老村长”人生的遭际，赵大爷落寞的背影，却长久地萦绕在我的脑海中。

04 长峪城探古，永兴寺听戏

2019年春节，我们前往长峪城村两次，一为正月初五，一为正月十五。驱车前往长峪城村，自然需要导航。阴差阳错地，第二次将目的地错设为长峪城农家院，它不在长峪城村，而在流村镇镇所附近，因此误打误撞，得以探索另外一条交通线路。

第一次，往返路线相同。先沿京藏高速北行，于百葛桥转而向西，在北六环行驶至土城村桥，换京礼高速，在雁路／水台出口，转南雁路西行，至高崖口转高芹路，过新开村、了思台，翻北齐岭，经马刨泉村，接禾子涧路，在黄长路丁字口转而向北，过黄土洼村，终点就是长峪城村。

第二次，往返路线不同。去时，从京礼高速出来，先抵达长峪城农家院，发现不对后重新设置目的地，因此走上了另外一条线路：沿南雁路东行，换李流路，过白羊城村，接白禾路，穿白羊沟风景区，在黄土岭东侧转禾子涧路，经鱼林口、黄楼院口、禾子涧村，在黄长路丁字口转而向北，过黄土洼村，终点抵达长峪城村。

第一次，由师睿全程驾驶，我们第一次在崇山峻岭间盘绕，连续出现急转弯和反向转弯，心都提到了嗓子眼。路上车辆多，我反复提醒急转弯时要鸣喇叭，严守来去路线。第二次，则由我全程驾驶，在进入白羊沟风景区时，过检查站，登记之后路面见雪，部分道路有深深的车辙。沿路几乎没有其他车辆，只有我们这一辆汽车在冰山雪地中行驶。整个行程弯道并不多，但鱼林口前的几个拐弯，坡度大，转折急，路况也不好，我驾驶的汽车，差一点就撞上了一旁的悬崖，惊出了一身冷汗。回想来时路况，加上在长峪城村询问其他车友，我们决定按第一次的路线返回。

回到家，通过电子地图回顾路线。将比例尺放大到1∶100，就能清晰地看到两条路线的弯折情况。检查站的那位师傅说得不错，走禾子涧路，要比翻北齐岭近得多。但，冰雪封冻的禾子涧路（尤其是鱼林口附近路段），远比盘山绕远、九曲回肠的北齐岭路线危险得多。

村口附近的长城

从大山里走出来，记忆中还是山路十八弯。孰料，询问从家乡返回的朋友，老家一带早就穿山凿洞，修筑了高速公路。真没有想到，在北京周边的郊区，我竟然旧梦重温。遗憾的是，全程集中精力驾车，不敢左顾右盼，错过了沿途的美丽风光，尤其是那银装素裹的冰雪世界，没有好好欣赏。和早年间不同，此前乘坐公交汽车，并不觉得危险，这回自己把握方向盘，前不挨村后不着店，万一出现事故怎么办？想想，还挺后怕，心有余悸。

在长峪城攀爬过北京地区最高的敌楼，师睿的腿脚跛了好几天，然而，一想到登山途中看过的美景，回忆起长峪城村的种种经历，一时的困难又算什么，曾经遭遇的危险又算什么呢！因此，反倒觉得不虚此行，我们这个春节过得有意义，令人回味无穷。

长峪城后山水库

冬天的长峪城，格外寒冷

雪地林间偶拾，颇有几分吴冠中画意

长峪城乃明正德年间所筑关城，万历年间增筑新城，屯军于此，自然成村，村以城名。北依长城，南望镇边城，东邻白羊城，战略位置十分险要，是明代京师北京防御的重要隘口。长峪城与西南部的镇边城、东北部的白羊城鼎足而立，合称北京边关三城。

明代军事志书《西关志》云："长峪城正德十五年（1520年）创立，堡城一座，东西跨山，其城上盘两山，下据两山之冲，为堡城。高一丈八尺，周围三百五十四丈，城门二座，水门二座，敌台一座，角楼一座，城铺十间。"又明顾炎武著《昌平山水记》云："白羊北四十里为长峪城，二门，其西有小城，曰长峪新城。"

长峪城旧城呈元宝形，利用山势建筑城墙，高处设敌楼，城堡扼守山谷，山谷内侧城门还有瓮城，但山体之外城墙已经消失，只残存山梁上的

最高的敌楼（一）

旧城墙。开车进村，能看到山体上那段旧城的城墙。城墙以北就是旧城，而在旧城的西南侧就是新城。新城的城门及瓮城现已经修缮一新。无论旧城新城，都设瓮城，开券门（用传统的无梁曲拱，以砖块石灰砌成拱形的城门）。

在残断的旧城城墙墙根，立有两块碑，一为“全国重点文物长城（长峪城）”碑，一为介绍长峪城新旧二城及其演变的村史碑：“位于流村

最高的敌楼（二）

现存的一处券门

镇长峪城村中，为明长城内侧军事城堡。西北距明长城5000米，与居庸关城、白羊城、横岭城、镇边城共同属于京西北防御体系。长峪城分南北新旧二城，相距300米。旧城建于明正德十五年（1520年），卡山口而建，平面为不规则形，南北辟门，东有水道，毛石垒砌，现存残墙。新城依山而建，坐西朝东，明面呈方形，现存东门瓮城及两侧残城墙，城门顶部遗存城楼柱础。明代以后，长峪城演变为村落。”

村子北端，旧城北门之外有关帝庙、真王庙。关帝庙修缮完整，但“铁将军”把门，我们不得而入。真王庙内，北墙有彩绘王身，蓝色棉袍，趺坐台基，长髯长须，头顶黄色花冠，顶结发髻。其上有“万物育焉”字样。适逢春节，小庙新近张贴的对联并不严格对仗，但却透出几分现代气息。横匾为“严禁烟火”，上联：真王一生守佑青山；下联：世人始终坚持护林。

长峪城村传说中的真王，乃周世宗睿武孝文皇帝柴荣。传说，柴荣家境贫寒，少时曾为行脚商人，靠卖伞养家糊口。有一天，柴荣推车卖伞来到长峪城，在村口的老槐树下，饥肠辘辘，腹内疼痛难忍。一位村妇看见后，背负柴荣回家救治。柴荣病好后离开，村妇送至村口，柴荣说：“日后我若能称王，必报大嫂救命之恩。”旁边看热闹的村民笑了：一个卖伞的还能称王？十五年之后，柴荣登基做了皇帝，他要报答自己落难时救过他的好心人。村妇被封为诰命夫人，其子升任县令。县令反过来感激皇恩浩荡，给柴荣修建了庙宇。为什么叫真王庙呢？大家说，十多年前卖伞的没说诳语，原来是个真王爷，干脆就叫真王庙吧。后来，赵匡胤篡位，朝廷来人要拆真王庙，村民拦住说，我们供奉的是真武大帝，这样才算蒙混过关。从此以后，修修补补，真王庙就一直传承下来，真王成为当地的保护神。

从网上浏览到一条消息，说正月初五长峪城村有社戏，这正是我们驱车前来的原因。然而，抵达这个村庄，向几位村民打听，却说初五没戏，要听戏，等十三、十五再来。正月十五这天，我们着急忙慌赶过来，一边疑惑是不是真正有戏，一边还担心迟到了，错过了开场。下车一问，一位年长的村民言之凿凿地说有戏。至于什么时候开始，靠着中午12点算吧。地点嘛，老人向右一努嘴，上面，西头大槐树下的永兴寺。

在长峪城新城，村口西侧的高台上，绕过曾经被辟为小学目前已经被废弃的一溜建筑，永兴寺就在我们面前。远远就可以望见的高大的槐树，走近后试一试，两人才能合抱，据说有一两百年的树龄。时值初春，树叶都掉光了，但遒劲的树干直冲云霄，密密的枝丫衬着蓝天，三两只喜鹊从鸟巢里钻出来，清脆的鸟鸣响彻山间，好像在祝福新春佳节。

永兴寺坐北朝南，背靠龙头山，面对笔架山，左邻狮虎山，右连凤凰山，是长峪城一处风水宝地。寺庙由山门、前后正殿、戏台、配殿组成。其建筑用砖明显来自城墙的残砖，理应在建城之后。虽然建寺的具体年代不可考，但钟楼里锈迹斑斑的大钟，见证着久远的历史。永兴寺内佛、道二教合祀，曾住于此的和尚与道士和睦相处，非但不起纷争，相反赢得了众多的香客，香火篆炉烟连绵不绝。

眼前的永兴寺，2007年由昌平区财政局斥资修缮，主要是更换门窗、整修房瓦等，而形成目前形制的基础，始于1934年，其设计师就是本村远近闻名的木匠张环。据传，张环的木工，在本地当推第一，无出其右。他有8个徒弟，个个身怀绝技。用刨子的，不用挂线，几刨子下去就又平又光；用锛子的，大脚趾踩着枣核，枣核锛成两半，但不会伤着脚趾。其他的如凿眼的、起线的、耍斧子的、拉锯的，都各怀绝技。马池口的亭子庄，一个员外要用金丝楠木打寿材，千恩万谢找到张环，张环做足了派头，

永兴寺前的大槐树

永兴寺内的戏台

但上手的活儿却是绝活，没话可说的。整副棺材不用钉，不用摽，严丝合缝，就算装水也滴水不漏。刷过桐油，这副寿材更是锃明瓦亮，大气辉煌。

而真正彰显张环手艺的，还数他主持修缮的永兴寺。20世纪30年代，由于年久失修，永兴寺已经破败不堪。村人商议，决定集资修缮。其实，对于怎么改建永兴寺，张环私下里早就琢磨推算过了。这回，村里委托他设计施工，正可以把自己一身的手艺都施展出来。在修建戏楼时，他将原来的硬山起脊顶改为硬山卷棚顶，屋顶不再起脊，屋面用筒瓦铺顶直接卷过屋面，形成罗锅脊，而承托屋面的脊檩，则由原来的一条正脊改为并列两条正脊，两条脊之间用罗锅椽连接。经过这样改造，在不增加房屋高度的情况下，增加了房屋的进深，从而方便演员们在后台化装候场，而在前台唱戏演出。

寺庙为二进院落，从山门进寺，为正殿的前殿罗汉殿。春节期间，罗汉殿殿门并不开放，人们左转走耳门。从西南一侧进入四合院：南为罗汉殿，北为娘娘庙，东西配殿，西为戏台，东为此前和尚与道士的住处。鼓楼在西南，钟楼位于东南。此前，罗汉殿供奉着弥勒佛及十八罗汉。弥勒佛身前还有位小土地神，身后有位红脸持刀大汉。后殿为娘娘庙，原本供奉着栩栩如生的正宫娘娘、眼光娘娘和送子娘娘。

后殿娘娘庙，室内墙壁有彩色壁画，有的趺坐，有的站立，服饰艳丽，飘带翻飞。东侧廊道躺有圆木一根，起初不知它的用处，等到大戏开张，这才恍然大悟：这根圆木，可以当作最原始的座位。

明朝时期的铸铁大钟悬挂在钟楼里，高1.6米，重1000多斤。铸钟铭文显示，道士张演龄的弟子赵登，继承师父“寺里不可一日无钟”之遗愿，广为化缘而铸此大钟。寺里香火旺盛时，每天晨钟暮鼓，一片祥和世界。抗日战争时期，只要石头岭上的“消息树”一倒，大钟就连响几十声，人们就会立刻躲进深山，逃避日本鬼子的杀戮。在和平年代，如果钟声连响几十声，人们就知道庙里要上演大戏了。

戏台为硬山单檐大屋顶做法，面阔三间，三面围墙，台口敞开。前台（舞台）高0.66米，宽8.3米，进深4.9米。前后台之间用木棂门窗隔开。后台的面积约16平方米，供演员化装、候场、休息和存放道具。戏台前的露天场地面积约160平方米，可容纳两三百人看戏，加上罗汉殿、娘娘殿和东配殿廊道，可容纳三四百人。

戏还早，我先熟悉了整个寺庙的布局，饶有趣味地观摩四处的对联。山门：潜心香烛结善缘，祈求神灵保平安。横批：有求必应。前殿罗汉殿：沐手焚香但愿先人在上，虚心秉烛惟求祖宗来临。后殿娘娘庙：天地三界增福禄，日月万灵降吉祥。鼓楼：敬天地四时吉庆，孝父母八节康宁。钟楼：钟声响威震四海，天人众齐来上香。耳房（辟为剧团办公室）：且耕且读振家声，教孝教忠开世德。最有意思的要数戏台，内柱贴联：或为君子小人或为才子佳人登台便见，有时欢天喜地有时惊天动地转眼皆空。外柱短联：三五步走遍天下，七八人千军万马。

戏台上，有两个村民围着火炉烤火，经询问，是一位琴师，一位演员。交谈中得知，长峪城在古时候就有社戏，自娱自乐的村戏一代代传承下来，大约有六百年的历史了。村戏源于河北梆子，经演变自成一格。演出的剧目有《四郎探母》《大登殿》《哭殿》《王宝钏》《断桥》等二十几出戏。从前，通常在正月里演戏，初一开始至初五结束，正月十五还要加演一天。

老村民，老戏痴，老演员

唱戏用的锣鼓

我们竟然得到允许，可以到后台参观。跨过戏台两侧的木门，就进入了后台。南向墙壁牵一条麻绳，挂着十几条白色、黑色的髯口。西边一壁立着木架，堆放着各式凤冠霞帔。右侧贴“长峪城剧团专用考勤表”和“2019年元宵节戏曲演出专场”表。从考勤表可知，过去一年，参与考勤的剧团人员多达28人，而这张演出剧目表显示，今年春节的元宵节专场，从正月十三的晚场开始，一直演出到正月十六。正月十五的日场为民乐独

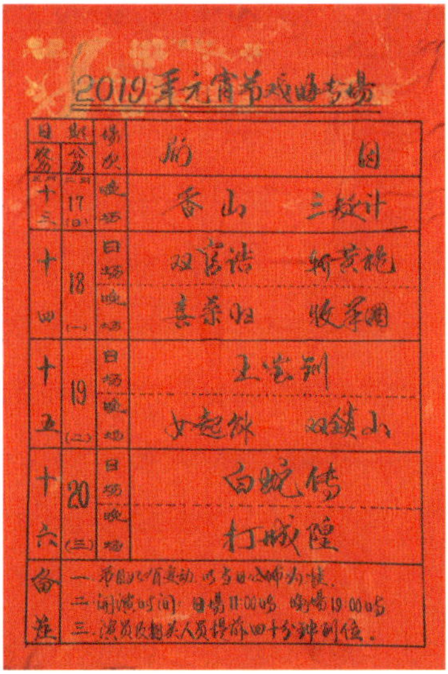

2019年元宵节戏曲专场

日期 农历	日期 公历	场次	剧目
十三	17 (日)	晚场	香山 三疑计
十四	18 (一)	日场	双官诰 斩黄袍
		晚场	喜荣归 牧羊圈
十五	19 (二)	日场	王宝钏
		晚场	女起解 双锁山
十六	20 (三)	日场	白蛇传
		晚场	打城隍
备注	一、节目如有变动，以当日公布为准。 二、开演时间：日场11:00时，晚场19:00时 三、演员及相关人员提前四十分钟到位。		

元宵节戏单

奏、《算粮》与《登殿》。墙根底下，一长溜敞开的戏箱，装着各种各样的道具。东边的木棂门窗靠背，是一面大大的镜子，镜前置一长桌，以方便演员化装。

陆续有人来，有演员也有观众。演员和乐手都先到火炉前烤火，聊家常。和我们一同进院的阿姨，应该超过60岁了，却是整个剧团最年轻的成员，并且还是台柱子女旦。戴雷锋帽的老人是箱官，他告诉我们说，他今年80多岁，从20多岁开始跟团，一直到现在，都在为剧团服务。一年之中，村里唱戏，主要集中在春节。有时候也到外面去唱戏，到南口，到昌平，到河北，光这些道具就要装满满一车。如今，村里的年轻人都外出工作，很少有人有心学习这一门手艺。说不定哪天，等这一辈人谢世，传承几百年的这一条线，就断了。老人说到最后，有些自言自语，也有几分感伤。我把目光投向东配殿下的广告标语，那里左侧是篆字“长峪城梆子剧团”，右侧楷书一句呼唤：“欢迎孩子们回家来。”

沉思之际，院落里呼啦一下进来七八个人，顿时变得热闹起来。仔细一瞧，白大褂外都套着羽绒服。他们驾轻就熟，一来，就到戏台对面的东配殿，展开并悬挂一条红色的条幅：健康素养闹元宵，共建健康新农村。原来，村社区卫生服务中心要借这块宝地，为看戏听戏的观众普及健康知识。他们先招呼并聚集观众，先宣讲一番健康知识，然后抽题答题。如果现场答对问题，则奖给一条准备好的毛巾。

这边健康普及暖场，那边演员开始勾眉化装，而乐手琴师则调琴试声。不知何时，雪地里跑来一只小狗，在人群中穿来穿去。廊道的阶沿和原木，都坐满了观众，有说有笑，翘首以待。院落中间，最佳的位置已经支起了三脚架，高倍清晰的摄相机镜头业已调好焦距。钟声再次响起，预告演出即将开始。

等候看戏的观众

箱官们抬出一张白色案桌，上放铝盆盛米；九块圆形面包被分成三堆，品字形隔开垒放；此前一张一张分开的黄裱纸被分成三束。原来，这是演出前的酬神仪式。

大戏开始了。剧目是《算粮》《登殿》。

《算粮》《登殿》是传统剧目《回龙阁》中的一折。内容梗概如下：王宝钏与其父王允决裂后，苦守寒窑十八年。其夫薛平贵从军归来，正值王允寿诞，王允及二姐银钏、二姐丈魏虎劝其改嫁。宝钏引来薛平贵相见，并向魏虎清算征西路上克扣的粮饷。魏虎不予，平贵扭魏虎上朝辩理。

女旦上场了。王宝钏在父亲堂前唱姐姐、姐夫的规劝："她夫妻三番五次五次三番把我劝，倒叫我王宝钏好不耐烦。暂去了怒容换笑脸，三妹

在乡村的舞台，一出好戏正在上演

妹把话说心间。你看你那珍珠翡翠在头上戴有多么好看，红红绿绿在身上穿，夸富贵打扮得花枝招展。我看来好比那露水落在草上边，来来来二姐姐呀，随妹妹咱们到那廊檐以下看，你先看魏姐丈是哪一副容颜……”

05 和平寺，花塔村

和平寺背靠龙凤山，面朝京北平原

很多人听过这样的说法，“先有潭柘寺，后有北京城。”但你要是来到北京西北的南口镇，来到龙凤山下的花塔村，那里的人们就会有所补充地纠正说：“先有和平寺，再有潭柘寺，后有北京城。”

和平寺真有这么古老吗？它到底是什么来头？在2018年腊月的一个上午，我们驱车沿着白花路来到和平寺，听当地乡民说起这一俗谚，确认过他们认真而自豪的眼神，更加激发了我们一窥究竟的兴趣。

和平寺背靠龙凤山，面朝京北平原，整个寺庙依山傍势，巧妙地利用自然环境。寺前的白花路呈西南—东北走向，和平寺的正门也就通称东南门。抬头看山门的汉白玉门楣题额，“敕赐和平寺”五个大字赫然在目。所谓“敕赐”，乃皇帝亲自颁发证书予以认证的意思。据《日下旧闻考》记载，花塔山有和平寺，由唐代名将尉迟恭监造，唐太宗李世民亲笔御书“敕赐和平寺”。

关于和平寺的起源，有两种传说：一种是，唐朝初年，隋朝残余势力仍然据山林之险，负隅顽抗。一天，他们偷袭驻守在白羊城的唐军，措手不及的唐守将想搬救兵，却苦于无人可突围报信。千钧一发之际，关城内一寺庙的和尚放飞平日饲养的鸽子。唐军根据鸽子带出的消息，解了白羊

据《日下旧闻考》记载，花塔山有和平寺，由唐代名将尉迟恭监造，唐太宗李世民亲笔御书“敕赐和平寺”

城之围。捷报传回长安，唐太宗李世民十分高兴，下诏在鸽子落脚的地方修筑寺庙，并赐名“敕赐和平寺”，并命令大将尉迟恭负责督造。另一种是，贞观十九年（645年）初，唐太宗亲统六军从洛阳出发，至幽州誓师北上。也就是在那个时候，李世民来到了北京，拉开了御驾亲征的大幕。这辽东大战劳师远征，最后虽然取得了胜利，但死伤无数。眼看跟随自己打下江山的许多将士命丧异国他乡，唐太宗内心十分愧疚，发愿天下太平，再无战事，所以将此寺取名“和平寺”。

经唐宋元明清，和平寺颇具规模，不仅有佛殿，还有道观，甚至还设有尼姑庵、娘娘殿，前后上下左右，5个院落，72道门，99间房。西侧砖塔众多，因朝代不同，风格各异，尤显壮观。其中一座塔有10余层，塔身彩绘佛像，塔檐形同莲花，故民间称其为花塔。然而，因自然风化，年久失修，曾经辉煌壮观的庙宇塔林不断坍塌倾圮，只剩下“敕刻”和“皇图巩固”等断碑残基。清朝末年，成郡王载锐斥资对塔林进行了修缮，因此，现在的建筑都是清朝遗迹，而原初的塔林则已荡然无存。

进得山门，左侧高台一株国槐巍然挺立，树枝繁茂峭拔，树围约3米，据说有1300年的树龄。树比人长寿。某种意义上说，树龄证实了寺庙悠久的历史。在整个和平寺，还有两株高大的银杏树，一雄一雌，也有千年的寿命。另有一株古老的白皮松，斑驳的树身树影，似乎隐现着和平寺的漫长岁月。四围一排高大的柿子树，叶子早已落光，只剩下零星的柿饼挂在高枝上，惹来一只长尾巴的山鹊跳跃啄食。

寺院第一个院落为和平广场，东西长约100米，南北宽约20米。左右

喜上梢头

和平寺立和平碑，虽不是古物，但也名副其实

各有高大的观世音像，一站立，一趺坐。西南为斋房，北向靠山有八九米高的红色护坡石墙，中间则为32级石阶，通向天王殿。右侧立“祈望和平”碑。

拾级而上，台阶顶端为第二进院落。正面为天王殿，东侧为药师殿，西侧为卧佛殿，两侧更有耳房和僧寮。天王殿内供奉着接引佛，背后供奉着护法韦驮，而檐下匾额“回头是岸”。院中，左为往生堂，右为延生堂，三间阔祖师殿坐西向东，三间阔伽蓝殿坐东面西，两两对称。

院中北向，又有九级台阶通向本寺的正殿。和通常的佛寺正殿一般为大雄宝殿不同，和平寺的正殿匾额为“大地金沙”，有人谬传为雍正皇帝御书，但匾额却从左到右书写，细辨落款，署名为“王一新 半桥”，衿印。王一新却是当代书家，山西榆次人，晚年专攻板桥，“大地金沙”4个金色大字飘洒俊逸，颇有板桥遗风。

大殿西侧为弥勒殿，东侧为观音殿。殿外立有清朝顺治年间石碑一通，记录了寺庙修缮的过程。龙王庙门内左侧，放置着一口乾隆年间的

寺后山坡上的小小佛塔，以人身形象承载，形制非常独特

和平钟。钟上铭文写有“昌平营，长城沿线自古是兵家必争之地”。也能辨识其铸钟之人：“昌平营南口城信官吴俊、河南府任丘县信士胡邦彦……”这里所谓“信官”，系官员祷神时的谦称。2005年，更新铸“北京和平钟”，悬挂于院内白皮松的东侧，游人们可以随时敲钟祈福。

整个和平寺傍山而建，因地制宜，现存建筑虽为清代所建造，但古刹存有遗制和递改的痕迹。但听寺内僧人介绍，与常规寺庙佛祖殿在左观音殿在右的规制不同，和平寺观音殿在左佛祖殿在右，其布局是武则天时期的特征。

和平寺主奉佛教，兼奉道教，是京城西北民间佛事道场活动的主要场所。如今，每年农历四月初六至初八举行庙会。庙会期间，寺内香雾缭绕，钟磬相闻，戏楼前更是人声鼎沸，锣鼓喧天。香客们虔诚地烧香拜佛，祈求风调雨顺，五谷丰登，多子多福。游人们摩肩接踵，尽享一年一度的庙会娱乐。

我们这回前来，没有赶上庙会，寺内有的地方还在修葺。不是周末，游人不多，耳边萦绕着清脆的梵声钟磬，整个山寺更显清幽寂静。出得寺来，仰望龙凤山上的望京亭，心中默念古代遗留的一首诗：“大地金沙神仙府，层层殿堂隐山下。龙凤交接环山抱，松柏荆棘古楼亭。”

因缘和平寺，偶遇花塔村

花塔村，虽说早于元代成村，却一直寂寂无名，不见经传。但偶然发现的这个村庄，却让我们满心欢喜，由衷地爱上了它。或许，是因为这世外桃源整洁素净，或许是因为冬日的午后那一场愉悦舒心的交流。

花塔村隶属南口镇，位于镇域西南，距离昌平城区15千米，西南邻兴隆口村，东北接天寿陵园，与和平寺只隔了一条马路。村庄地处山前台地，北部为山区林场，山名龙凤，主峰黑山坨海拔近千米；南部为果园和耕作区域，平畴一片，养育着这远离尘嚣的世代村民。整个花塔村以马兴路为界，南部与北部民居连在一起，像极一个锤子；村庄横平竖直，规划井然有序。

从和平寺山门出来，看时间还早，我们决定在村子里转一转。开车进村的时候，看到新铺的柏油马路，以及道路两旁鳞次栉比的民居，这让我们耳目一新，精神为之一振。向东100米，竖立着一幢宽约4米高约2米的影壁，这应该是村里设立在户外的宣传栏，却没有任何图文广告，只有几幅儿童的涂鸦，清浅、稚气。影壁前面，摆放着几只沙发，虽在露天，免不了日晒风吹，却也干净整洁。

参与浅山项目的调研，作为外来的陌生人，免不了要向村民了解情况。有时，询问只是一个幌子、一个由头，只是想打开一个沟通的口子，借此走进一个村庄。想来，陌生人之间，在怎样的时间怎样的地点，才会彼此放松、愉悦地展开交流呢？可以肯定的是，不是在拥挤的地铁里、高速的动车上，不是在每人手捧着手机刷朋友圈的时候。也就是说，在拥挤的城市，人们习惯保持着相对安全的距离，彼此只是视而不见、尊口免开的陌生人，哪怕身体被迫紧密接触，也只是面无表情、漠不关心的陌生人。

在这偏僻的乡村，应该是另一种情形吧。也不尽然，有时，面对我们的询问，得到的可能是并不特别热心的漫声回应。这也没有关系，我们还可以随处溜达，用我们的眼睛去观察，用我们的感官去感知，还可以等候时机物色下一个询访对象，开启下一次新的尝试。走下白花路，进入村子

背靠沙发背靠山

里的一条干道。南北走向的道路，被太阳晒得白花花的，显得格外温暖；相对而言，东西走向的巷子，房屋的阴影遮没了甬道，一片冷清阒寂。

在平缓的坡道半腰，我们先后碰到了张姓兄弟。

先碰到的是大哥，他在附近遛弯，一来二去，竟然聊起天来。对方是本村村民，家就在附近。他头发花白，面庞清矍，一身青布衣裳，虽说有点旧，但干净清爽。他的嗓门很高，生怕我们听不清似的，话里夹杂着方言。让人惊异的是，他告诉我们，自己是单身汉，脑子出了点问题。

一番攀谈得知，原来，这位村民，小时候得了病，脑子出了问题，由弟弟负责照顾其日常起居。二等残疾，算村里的五保户，国家有补助。但问他补助多少，却说不出个所以然来，只说，花不完的钱，弟弟帮着存着呢。还说，自己有时候走远了，迷了路，回不了家，村里人要么帮着领回来，要么通知家人去找。他也不走远，看着那棵香椿树，不走远。

说话间，香椿树那边走出一个人来，那就是弟弟了。该是大哥回家吃午饭的时候了，他手臂也戴着护林员的袖章，要去完成下午班次的巡山。他一定很奇怪我们竟然和他大哥聊得很欢，却不以为忤，相反，面带微笑，接过了哥哥的话头，和我们愉快地聊了起来。当然，他提议到影壁那里去，他得和上一个班次的同事做好交接工作。

从他口中得知，他大哥说的是事实。他们家一共4个兄弟姐妹，他排行老二。此前，都是由母亲照顾大哥，三年前母亲去世了。过世之前，母亲把他们兄弟姐妹召集在一块儿，开了一个家庭会议。大意是说，从今以后，你们几个要将大哥当作老家儿（北京方言，长辈，多指父母）对待，这我才走得放心。从那以后，他和媳妇就承担起照看大哥生活起居的责任。吃什么，穿什么，自然全部负责，有时候大哥走丢了，还得满村里找。

村中东西向的巷子

说起病因，他听母亲讲，小时候大哥生病了，母亲骑着毛驴，赶往南口镇，不成想牲口遇到汽车，受了惊，颠下母子俩，伤着了大哥的脑袋，从此记忆就不好，精神也出了问题，小时候读书不行，成年了也不能正常生活。这些年，一直就这样。幸亏国家政策好，大哥有补助，一个月两千来块，没什么大病，吃喝够了，余钱就存起来，以备救急。老大的钱，却不由他掌握，老三管账，搁现在，每天伙食算二十块，一个月六百块。这个话题自然有些沉重，但老张却在是陌生人的我们面前敞开了心扉，讲起了家庭内部的故事。

"这个办法好。"我说。却不知怎么，猛然间，眼泪模糊了我的双眼，为这手足之情，为这亲兄弟明算账的阳光政策，我感动得热泪盈眶。

是啊，摆在明面儿上来，一切就好办了。

老张转换了话题，我们已经知道他此前搞建筑，就问他花塔村的民居，一幢一幢的，规矩，整齐，这规划布局，不容易吧？他说，可不是！三十年前，村里就注意这一点了，一排一列，严格按照原有的地基，遵循整体的布局建，不允许胡搭乱建。几乎所有的民居，都坐北朝南，以争取更多的阳光。说起建筑，老张兴致勃勃，滔滔不绝。回龙观、北七家、廊坊、张家口，好多宿舍板楼，他都参与过建设，从外墙到室内，从屋顶到装修，门儿清。相比城里的电梯楼房，他更愿意住老家的宅子，按他的话说，迎阳光，接地气，能呼吸到新鲜的空气。他除了主持和参与建设自己和兄弟的房屋，眼前西侧有5个北向窗户的房屋，是他妹妹家，也是他建的。东侧这一家，北向没有窗户，更是他一手操办的。和他的关系嘛，那就更近了。聊着闲天，老张嘴里时不时冒出一些建筑术语，这次居然卖起了关子。

"什么关系？"我们很好奇地问。

幸福老年驿站与科技活动中心，自带不同的色彩

“我女儿啊。”老张说起来，一脸的自豪。

原来如此。

老张从旁边捡拾起一块红色的碎砖，在地上画起了房屋结构平面图。客厅、卧室、厨房、卫生间，材料与结构，采光和透气，门窗与插座，娓娓道来。他告诉我们，和村子里其他房屋一样，他采用坡脊而不用平顶，从而避免热胀冷缩带来的裂缝。而自从村子里改换电采暖后，过去的土炕就不用了，屋顶的烟囱也就成为装饰性的摆设。因为沿着坡势傍山建屋，前门与后厦差不多有50厘米的高差，室内需要找平，但排污却可以直接利用这一特点。

我们站在太阳底下聊天，好半天才想起来可以在沙发上坐下再聊。

和平寺内曾经的小学、中学，通往天王殿的32级台阶，那曾经高耸入云的花塔，慈禧太后的御前侍卫做了和尚一跃上了屋顶，花塔村的书记带头整饬房前屋后的砖瓦垃圾，孩子如今上学要到二里地外的檀峪小学就读，村里建设的老年公寓即将投产使用，百米长的文化墙镌刻了宣传孝道的浅浮雕，经过一轮一轮的检查花塔村近年被评为最美乡村，已经63岁的老张和他的十来位同事组成护林队护卫着一方安全……

我们没有采访提纲，老张则兴致盎然，随其兴之所至，花塔村的历史、现状，逐渐变得清晰起来。更因为老张的叙述，这个偏僻素净的山村，这个鸡犬之声相闻的乡村，这个不受金钱污染的村庄，这个仍然由宗族和血缘作为纽带的乡村社会，更符合我们心中对于怡然自乐的乡村的梦想，这里的山、寺、人、事，无形当中，也渐次显得亲近起来。

不能耽误老张的工作了，辞别的时候，同行的师睿伸出手来，与这位普通的劳动者、这位热心的老村民热烈地握手，以表达我们由衷的谢意。

宣传孝道的浅浮雕文化墙，有百米长

回程途中，我们默默回味他的经历，他的人生，他的处世哲学。他之朴素、智慧、开明、乐观，给我们留下了深刻的印象。他说，如今老了，也要与时俱进，还要贡献力量，力所能及地为子女、为家庭分忧，同时，要以宽容的心对待他人，不干涉子女的生活，“不能以其昏昏使人昭昭”。这样带有丰富含义的话从他的口中说出来，我们对新农村更增加了几分欣喜，似乎看到了阳光下明媚的未来。

06 七孔桥花海

2020年，遭遇新冠肺炎疫情。在家憋久了，就想着外出放风。先就在住宅小区转圈，一圈，又一圈，杏花、桃花、海棠次第开过；等到不必再迫切地候听每日疫情的时节，海棠与石榴都结了果，已经是天高云淡的金秋时节了。

虽然出京尚有诸多不便，但活动的半径在扩大。至少，可以到京郊去爬爬山，吹吹风了。6月、9月，我们两次驱车前往昌平的七孔桥花海，一睹繁花斗艳的风采。

近年来，在都市的樊笼里蛰居久了，世人都好随大溜地称说诗与远方，似乎那物理的距离能够孕育高雅的诗意。或许，人们倾向于在脱离日常生活的节奏中，在体验异域风情的心境下，放飞心灵，仪式般地感知美的世界？或许，在新媒体视听影像的包围中，我们的审美能力在悄然萎缩，只能附庸风雅地跟随他人的脚步，在所谓的网红之地走马观花地打打卡，转而在微信朋友圈带着几分炫耀地晒晒照片、发发视频？

所以，我们时常在海量的资讯面前莫衷一是，从而忽略了眼皮子底下的美好事物。

我是偶然间得知这里是距离回龙观最近的花海的。一日在网上搜索玫瑰花海，误打误撞，链接到了七孔桥花海。原来，花海距离昌平城不远，就在多次路过的十三陵附近。自2014年以来，因采沙而凹凸不平的十三陵上游库区，开辟并培植出连绵1400亩（据有关资料，准确数字为1325亩）的绚丽景观。

独怜幽草涧边生。这大规模的草花，原不待我知晓，已经装点了十三陵一带六七个春秋了。

沿着京藏高速一直向北，在昌平西关环岛，走第三个出口，入京银路，1.5千米右前方接昌赤路，路过十三陵神路一旁，继续前行2千米左右，

远处，是七孔桥

驶过七孔桥，折向右后，这就抵达花海的停车场了。

这里有3个停车场：七孔桥南侧有一个，北侧有两个。6月开车来到这里的时候，听从管理人员的安排，停在北一停车场，它最靠近七孔桥。9月再次重访，则听从指挥，停在距离七孔桥较远一点的北二停车场。

正疑惑间，有管理人员靠近提醒说，车辆侧方停车不够规范，原来左侧压线了——也不是线，一开车门才明白，偌大的停车场，用防止扬尘的绿网罩住，网下，用砖头垒砌隔开出一个个车位。刚才我车的左侧轮胎，停在外侧的砖头上了。

重新泊好车，再由北向南步行走回七孔桥，路过北一停车场。眼前的景象，让我一下子醒悟过来。因游客有所增多，这里临时辟为了农副产品交易市场。附近周遭的农家，在这收获的季节，从自家的山地采来瓜果菜

远处，是七孔桥

蔬，堆成一座座小山，向前来游玩的顾客兜售。黄瓜带着尖刺，柿子连着枝叶，散发着香气的是紫苏，还有细长而非宽扁的韭菜……都是农家自产自销的时令鲜货。如果机缘凑巧，你或许还能碰上小束泛着清光的莲蓬，几截暌违已久能够唤醒童年记忆的高粱甜秆儿，两三盘果实饱满的圆圆的向日葵，以及刚从山岭枝头捋下来的小小野酸枣。

花两块钱尝吃了一个甜糯稀软的柿子，齿颊顿时润滑生津，顺着喉舌一直沁入心脾。一旁的大姐还热心地推介那些纺锤形的嘎嘎枣，那些圆不溜秋的京白梨，但理性告知，游园还没开始，等到回程，再行购买也不迟。

从心直口快的大姐嘴中得知，和她一块儿摆摊的都是附近的邻里乡亲。当地为了活跃经济，增加农户的收入，允准他们来此经营。在这“自贸区”，他们自行张罗，无须专人管理，也不必提交什么费用。“有枣没枣打一竿儿，哈哈，也不指望靠它生活，就当挣个零花儿。”话虽这么说，那少则几百斤，多则上千斤的核桃、柿子和甜枣，被源源不断地采摘下来，在此，就生机盎然地点缀了郊区景点，就细水长流地滋润了当地农家。

一般介绍七孔桥，甚为简单：七孔桥是位于昌（平）赤（城）路昌平胡庄东的明代石拱桥，于1953年被毁，改建为过水路面，1958年在原桥址按原样重建，1958年建成。

有细心的网友利用卫星图片，核定了具体方位。原来，这十三陵神路附近，还有老七孔桥、新七孔桥、南五孔桥和北五孔桥的分别。据《昌平县地名志》记载，七孔桥建于明嘉靖三十三年（1554年），横跨在皇陵御道和东沙河上游的支流交汇处。该桥建成后，屡遇大水，至中华人民共和国成立前后，桥体几乎全部被冲毁。

1958年5月，在老七孔桥西侧十几米的地方，平行修建了高高的新七孔桥。桥长112.72米，高11米，共7孔，每孔净跨10米。上部结构为石拱，下

不能只有花，没有树

部结构为石礅台，桥面两侧有雕琢着云头和龙的汉白玉石望柱及栏板。和古桥常用的尖利的分水不同，新桥用圆弧形的礅台。近些年，在中间的礅台，用蓝色的标线标示水位的高低。

上回造访七孔桥，桥底还是一片干涸，这次，却流淌着涓涓细流。想来，在丰水季节，这东沙河也会汹涌着滚滚洪流吧？后来听人讲，还是20世纪六七十年代发过大水，淹过高高的拱桥。近几十年来，由于极端天气不多，同时上游有德胜口水库与燕子湖湖区调节，曲折流向东南的东沙河在十三陵段少有洪水泛滥。

踩着十分厚的轻体砖——权当溪流中的汀步，婉曲行来，就来到花海的入口了。

以七孔桥为最西端，以十三陵水库二坝为最东端，在其河滩开阔地段之上，千余亩面积的连绵花海，在喧闹地绽放，在热烈地“燃烧”。

整个花海地势略有起伏，顺着高下的缓坡与洼地，成片的鲜花铺展在我们面前。明黄的是萱草，粉红的是松果菊，紫红的是千屈菜，像蝴蝶一样翩翩欲飞的是蓝色妖姬鸢尾，而高长秀颀的波斯菊，临风展开轻柔的各色舞裙。还有紫色的鼠尾草与马鞭草，当然还有薰衣草，只管一丛一丛地簇拥着，肩并着肩，静静开花，随风摇曳，听取游人们的阵阵惊呼与啧啧赞叹。

沿着铺设着颗粒碎石的道路，或是长条石片间隔铺成的踏步，蜿蜒行来，就置身在花丛中了。间或有大片土地围以白色的栅栏，道路和栅栏的曲线，一如或明或暗的腰带，束在花海中间。更在一片秋英清扬的花丛当中，断续呈弧形立着十来片嶙峋的石头，刚硬与柔软，粉彩与单色，对比强烈却又那么和谐自然。在蔚蓝的天空之下，在四周的群山中间，这一大片花海，静谧而热烈，反射着秋日的明丽阳光，散发出馥郁的香草气息。

铺向天边的黑心波斯菊，真正称得上是花的海洋

连绵的花海，在喧闹地绽放，在热烈地“燃烧”

刚硬与柔软，对比强烈却又那么和谐自然。道路和栅栏的曲线，一如或明或暗的腰带，束在花海中间

因为是第二次前来，我就做了一些有关花事花语的功课，突击下来，对植物纯属外行的我竟然能够区分十来种花草了。

宋代王冕《偶书》“今朝风日好，堂前萱草花。持杯为母寿，所喜无喧哗。”这里的“杯”，明取酒杯，暗合杯状的萱草

萱草，又名金针菜、忘忧草，近似黄花菜，但花形呈漏斗状，且不可直接食用。萱草在《诗经》中原名谖草，《诗经·卫风·伯兮》：“焉得谖草，言树之背。”朱熹注曰：“谖草，令人忘忧；背，北堂也。”意思是说，去哪里能获得忘忧的萱草，将之栽培在母亲大人的北堂一侧呢？古时的游子要远行，就会在庭院的北堂种下萱草，希望减轻母亲对孩子远行的担忧。唐朝孟郊《游子》诗这样写道：“萱草生堂阶，游子行天涯。慈母倚堂门，不见萱草花。”宋代王冕《偶书》：“今朝风日好，堂前萱草花。持杯为母寿，所喜无喧哗。”这里的“杯”，明取酒杯，暗合杯状的萱草——这都是古时中国把萱草当作母亲花的诗证。

再说说格桑花。格桑花又称格桑梅朵，在藏语中，“格桑”是美好时光或幸福的意思，“梅朵”是花的意思，所以格桑花也叫幸福花，它寄托着藏族人民对美好生活的憧憬与向往。然而，从科学角度言，格桑花不是植物学名，它只是青藏高原上耐寒耐旱野花的代名词，到底具体指称哪一科属，学界没有统一意见，人们习惯把秋英（波斯菊）或紫菀当作格桑花。秋英花片上举，轻盈而活泼；紫菀花片下展，对称中透着庄重。俗称找到八瓣的秋英，就找到了幸福；而紫菀多有两三层伞状花序，舌状花片多达二十来片。

轻盈的格桑花，风姿绰约，楚楚动人

恐怕最容易混淆的就数薰衣草与鼠尾草了。两者花期近似，植株高低大略相同，且都是芳香型植物。这也难怪，看到大片大片的紫色植株，普通人是分不清这两样花草的。但细看，鼠尾草的花颜色整体有些偏蓝，花瓣相对比薰衣草大，薄且有茸毛覆盖。从叶片上看，薰衣草的叶片多数为条形或者是披针形，而鼠尾草的叶片要宽一些，接近椭圆甚至是三角形。

薰衣草与鼠尾草，一般人都容易混为一谈

从叶梗上辨析，薰衣草的叶梗为绿色，鼠尾草的叶梗则为紫色。从气味上区分，薰衣草闻起来略带有木头甜味的清淡，清香扑鼻，令人心旷神怡；蓝花鼠尾草的香味则比较浓郁且刺鼻，久闻会使心情烦躁。最后从药用功能来说，薰衣草镇静催眠，抗菌消炎，而鼠尾草能够缓解头疼。

植物，包括花草树木，按科学的分类方法，有门、纲、目、科、族、属、种的体系。在植物学家和博物专家的脑海中编织着这一张纲举目张的网，万事万物就各得其所。但对于没有相应的知识储备的人来说，面对各类植物大脑里就是一片糨糊，分不清彼此，拎不清关系。如此，绚烂的世界，就因这不能辨识的眼睛，暗淡了缤纷的色彩。譬如我自己，在没有相对深入了解上述的这些草花时，眼中哪里有它们呢？即使看见，也是熟视无睹的。

不同的花容花色，是上天馈赠人间的礼物

这样说来，格物固然可以致知，但不知道物的分别，又哪里去下“格致”的功夫呢？“存在就是被感知。”在哲学家贝克莱看来，天上的星辰，地上的山川，乃至宇宙中的一切事物，在心灵之外都无独立的存在，它们的存在就在于被慧心所感知。

王阳明在《传习录》中记载有他与友人的一番对话：“先生游南镇，一友指岩中花树问曰：‘天下无心外之物，如此花树，在深山中自开自落，与我心亦何相关？’先生曰：‘你未看花时，此花与汝心同归于寂；你来看花时，则此花颜色一时明白起来。’”

唯有“明白”，花海才更加明亮鲜丽！

在花丛中徜徉，宛如在画中漫游。秋日纯净的天空，没有片云，显得

秋日纯净的天空，显得那么高远，那么蔚蓝

那么高远，那么蔚蓝。时不时，有三角翼的滑翔机飞临上空，也有五色的滑翔伞在远处悠悠飘荡。那是附近飞人俱乐部的会员在练习，在享受世外桃源的假日秋光。

累了，坐在花径一旁的长凳上休息。看游客在花海中摆出各种pose等候同伴拍摄，看孩子们在小水龙头喷出的水花中顽皮地嬉戏。也因此，我得以在6月时与一位环卫女工，9月时和一位浇水师傅拉起了家常。

环卫大姐是本地人，原本在一家餐厅打工，因疫情缘故餐厅歇业，就临时找了这离家不远的工作。在她看来，自己没有文化，能在这里做环卫的工作，收入虽不高，但多少有一点，免得坐吃山空，也就知足了。从她身上，我看到绝大多数中国人的随遇而安。可不是，就像一些草花的种子，落在贫瘠的土地上，慢慢发展，也就逐渐养成耐寒耐旱的品性了。而

花海中的园艺工人

且，还可能进化成宿根，野火烧不尽，春风吹又生，有着顽强的生命力。

浇水师傅也是本地人，刚刚从附近墓地的管理员任上退休，经朋友介绍，来到这里专司浇地浇花。这1400亩的土地，总共3个泵，日夜不停地抽取着地下水。他每天的工作就是打开埋在花园里的水管阀门，一浇浇一天，轮转着地块浇水。“要全都浇一遍，得一个月呢。”至于工资嘛，按天记酬。和其他山东籍的管理员同事不同，他不食宿，比同事多10块钱，也就是110块钱一天。“哎，闲着也是闲着，也不累不是？”

做北京郊区的农民，都说非常幸福。不信，你听“自贸区”里那位大姐爽朗的笑声。那笑声背后有经济强有力的支撑，有对美好生活的乐观与

是消融于花海之中，和光同尘，还是反衬于绿色背景，鹤立鸡群，似乎蕴含着几分美的理念与处世的哲学

花海中的一抹橙色

自信。

整个花海，听说早年是收取入园费的，后来干脆改为免费——也算当地政府给民众的一种福利。而京城的市民，只要知道这连天的花海，就多了一个远离尘嚣的念想，多了一处养眼怡情的胜地。

在花海徘徊三四个小时，该打道回府了。又经过自由农贸市场，正午时分，游人多了起来，生意也好了许多。我们称了三斤嘎嘎枣、十块钱的山核桃，还有一大兜京白梨、两把鲜嫩的韭菜，掂在手里，沉甸甸的。带着花海的记忆与芳香，我们乘兴而去，满载而归。

07 朝出东门营

东门营村，位于延庆区张山营镇西南，西距延庆区政府所在地约15千米。该村南为下营村，东北为姚家营村，西临方家冲村、黄家冲村，京新高速（G7）和京青线（G110）从下营村南部交叉通过。

我们一行五人，连同司机，乘车来到张山营镇东门营村。

营堡城墙

东门营名“营”，让人很容易联想到军营，古代驻军之地多名“营”或“营盘”，军队屯田又叫营田，因此以“营”冠名比较常见。而东门营，最初闪现脑际的是杜甫的《后出塞五首》的诗句：“朝进东门营，暮上河阳桥。落日照大旗，马鸣风萧萧。”在杜甫的诗中，征召起来的军队早晨离开洛阳的东门军营，晚上抵达洛阳梦津的河阳桥，一路上风尘仆仆，前往戍边渔阳节度使安禄山管辖的蓟门。

在东门营村村委会附近有一广场，广场一角立有一碑，名“全国文物保护单位 长城 东门营堡”。东门营又称东门营堡。从字形上讲，和“冲”是水能趋下的凹地相反，“堡”应该是土垒起的凸地。用作地名，乃堡垒的意思，但读作pù，不念bǎo。堡，指的是古时候驻兵的军事基地或屯兵的寨城，相当于近代的碉堡、地堡。这些驻兵防御的城堡，后来逐渐变成村落。

进到村委会院落，门前台阶，两位热心的村民搬开一个锈黄而浅齿的磨槽，再顺势放下一条汉白玉质的石块。定睛一看，原来这是东门营的老物件，祖先们营建城堡的历史见证：在2002年，东门营整修村落的时候，在西城门附近挖出一块长约89厘米，宽约51厘米，厚约15厘米的方石门额。残存的门额破损严重，但上面赫然双勾着“迎恩门”3个大字。我们努力辨认上款和下款的几行小字：上款“钦差怀隆兵备道按察使胡□□建修”，下款为“万历四十六年孟秋”，另有半行字，隐约透露出建造者的信息：“督工委官榆林”。

万历四十六年孟秋的这块方石门额，是营建东门营城堡的历史见证

据专家考证，碑中的“胡□□”，应该就是当时怀隆兵备道按察使胡思伸。胡思伸（1552—1624年），字君直，号充寰，明朝徽州绩溪城内人。明万历二十三年（1595年）进士，曾任上虞知县，兵部主事。万历四十二年（1614年）升任山东按察司怀隆（含河北怀来、北京延庆）兵备道（道员带兵备衔者，辖府、州，是省和府、州之间的高级行政长官）副使、按察使。他任内在四海、柳沟、土木、花园等地筑城堡40多所，修南北边垣迂回300多千米，造戍楼、墩台220座，建营房铺舍7205间。所辖延庆、保安、永宁等州县都修城浚池，加强防务。

至于东门营堡，据明代《隆庆志》记载，早在嘉靖年间就有此堡。志书记载了两个东门营堡，一个隶属于怀来卫，一个隶属于隆庆卫。另据《延庆州志》记载，清代东门营属延庆西卫管辖，距城三十里，有土城和东西二门。东至姚家营二里；南至谢官屯一里，接怀来界；西至大沙河二里半，接怀来界；北至马鞍山二里半。结合《隆庆志》和《延庆州志》的记载，初步可以推断，东门营就是明代隆庆卫和清代延庆西卫管辖的东门营堡，而下营就应该是属于怀来卫管辖的“东门营堡”。

不管怎么讲，东门营堡原先就是一座防御性的城堡。只是，城墙已经被拆得所剩无几了。听村里熟悉掌故的卫生员孙叔讲，城堡大约东西250米，南北150米左右，平面呈不规则多边形。孙大叔在给我们介绍时，还在纸上画了城墙的草图：东门营堡占地30亩，四周有2里，东西各有一门，东边的是永安门，西边的是迎恩门。东门营村北面靠山，俗称大峪沟，古称“马鞍山”，临近古崖居。当年东门营附近泉水丰沛，“村东有小河”，“南入妫川河”，现今河水已枯干。

古时候的城墙到底什么样？亭午时分，我们向在广场歇息休憩的老人发问。他们七嘴八舌地说，底座嘛，得有两间房那么宽；墙头，也得有一间房那么宽；你问有多高，高着呢，得有三丈六！什么两间房、一间房，三丈六又是多少？这一番回答，包含着许多老式的概念，说得我们一愣一愣的，头脑里在丈、尺、米这些计量单位之间复杂而陌生地换算着，却得不出所以然。

看我们懵懂的样子，身边的老人笑了，一仰脖子：“喏，电线杆那么高！”

那么高！我们不约而同地仰起头来，抬眼去瞅那广场边、道路旁矗立的电线杆。

历千百年，生于斯长于斯的人们，繁衍生息，香火不绝，但高大雄伟的城墙，还有那巍峨壮观的门楼，如今都夷为平地。和其他村落一样，村里没剩下几个年轻人，他们都外出务工去了，只有黄发的老人和垂髫的孩子，还有为抚育孩子走不出去的妇女。只能听老一辈的人讲讲古，说一说村西头断续的几段土墙。父祖们还是孩子的时候，曾经在那里欢快地捉过迷藏，蔓生的倭瓜攀缘墙头，开出金灿灿的花朵。

一直陪同着我们的孙叔，是个掌故通，生就一副热心肠。他说，20世纪70年代左右，东城门残存的1.5米高的石墙被拆除了。又隔了几年，完好的西城门也被拆除了。至于城墙，老百姓陆陆续续将墙土挖走，用于自家积肥，种了庄稼。他看我们露出对城墙神往倾心的样子，便告诉我们说，村里还剩下一段土城墙，要不要去看一看？那敢情好！他便顶着烈日，自告奋勇地带领我们，一路迤逦而去。

沿着老街向西百八十步，再折而向南，路过簇新而黛青的民居，也瞥见残破的屋顶长草的老屋，最后来到一间已经废弃的房子前。推开吱呀作响的木门，穿过泥墙夹峙的甬道，进入庭院，除了墙根立着几架豆角，似乎什么都没有，只是一个长满没膝野草的废园。同行的女生倒是眼尖，发现前方有几棵枝叶繁茂的杏树，树上挂满一嘟噜一嘟噜黄里透红的硕果。

孙大叔指着这城墙叫我们看时，我们方才回过神来，从杏树收回目光，落到一旁裸露着黄土的土墙上面，有些不敢相信自己的眼睛。就是了，在横七竖八的木方下面，在零星点缀着的野草下面，这就是那曾经抵御外敌、保卫家园的老城墙。只是，历史上的硝烟被风吹散了，那一度浸透城墙的汗水和鲜血也早已风化了，只剩下这一段低矮的土墙，这一抔干燥的黄土，在烈日之下默默地接受着我们的注目与凭吊。

或许，有一天，哪怕这一段低矮的泥巴墙，也将无迹可寻，东门营堡有形的城墙再也无缘得见，我们只能在故纸堆里爬梳那断断续续、似无还有的历史，口耳传承那迷离惝恍、真幻相间的故事。

三步两庙

据光绪《延庆州志》载，东门营原是一座土城，东西各有城门，而连接两城门的是东西向的古街。今天，这条街道仍然还是村里的通衢要道，大街长约二三百米，西高东低，宽约三五米。古街保存着旧时的形制，只是用石块垫高了不少。在十字路口、三岔路口，零零落落的，各种形制的“泰山石敢当”矗立着，或簇新光亮，或斑驳暗淡。南侧的老房子大门外，大都建有平台，拦起高及腰肩的花墙，是为影壁墙。这里的居民，出大门不能径直走向大街，要向右拐一下。

民居门前，各种形制的“泰山石敢当”矗立着，或簇新光亮，或斑驳暗淡

和当地老人聊天，方才得知常见的影壁墙分为两种，一为门内影壁墙，一为门外影壁墙。在大门内侧竖

立一面墙，又称照壁、影壁，可以形成一道气流屏障，可以阻挡所谓的“煞气”。门内影壁墙除了具有阻断视线，保护宅内隐私的实际功能，还避免外人入宅院后一览无余，赋予了含蓄蕴藉的美感。而门外影壁墙，有点近似现代楼房中的玄关，但在过去，如果住宅冲路、冲屋角、冲山谷或其他空旷地带，就得有讲究，务必建造这“L”形的门外影壁墙。

东营门村还有众多民间庙宇。早在明清时期，村内就陆续建有泰山庙、真武庙、观音庙、龙神厅、五道庙、三官庙、阎王庙、关帝庙、龙王庙9座庙宇，目前还存有关帝庙、阎王庙、真武庙、泰山庙4座庙宇。虽然数量大为减少，但在村里老人口中，仍然充满自豪地称说着“三步两庙”。在这里，既刻画着曲折生动的本生故事，又供奉着威严肃穆的幽冥神灵，还流传着历史与演绎错杂层累的当地传说。

真武庙供奉的是道教神仙中赫赫有名的真武大帝。东门营真武庙内，有辞父出家、虎蛇拦路、妖女破戒、割腹刺心、金殿奏本、玉帝赐剑、连朝北斗、五龙捧圣等本生故事。壁画中的真武大帝披发跣足，祥云环绕，其修成正果的过程展现得栩栩如生。

东城门内老街北侧是泰山庙。这个庙为两进院落，里面供奉着碧霞元君以及眼光娘娘、子孙娘娘。据说，在泰山庙对面还建有一座面北的戏台，过去每年的农历四月十五，村里都要举办泰山娘娘庙会，人们祭拜泰山娘娘，祈求得子多福。

阎王庙之东西山墙，绘有大量反映“十殿阎罗”题材的壁画。每殿阎罗趺坐，红袍加身，峨冠博带，展卷书行草“早知如此”“也有今日”“谁转还我来”等字样。身边侍童头顶圆髻，或留双髻，稚气未脱，天真浪漫。而膝下则有牛头马面握刀执矛，更有小鬼跪地合掌告饶。

阎王庙中最引人注目的不是主角阎王，而是一身白衣白帽的活无常。

村里人自豪地称说着“三步两庙”

真武庙供奉的是道教神仙中赫赫有名的真武大帝。一系列的壁画中，真武大帝披发跣足，祥云环绕，其修成正果的过程展现得栩栩如生

因为读过鲁迅的《无常》，不免对他生出几分好感。鲁迅在文章中说，古代《玉历钞传》曾这样描绘过无常的形象："身上穿的是斩衰凶服，腰间束的是草绳，脚穿草鞋，项挂纸锭；手上是破芭蕉扇、铁索、算盘；肩膀是耸起的，头发却披下来；眉眼的外梢都向下，像一个'八'字。头上一顶长方帽，下大顶小，按比例一算，该有二尺来高罢。"与之相比，东门营的泥塑活无常，戴着高帽，垂着白发，八字的眉眼和咧开的嘴唇，与鲁迅所记相同，但腰间系的不是草绳，而是腹前打结、蜿蜒飘逸的博带；左手的芭蕉扇囫囵完整，不复图画中的破敝之状；没有铁索算盘，右手改握一把收束起来的黄色雨伞。总之，庙宇中的活无常呆立墙角，少了文献中的喜谑色彩。

东门营的泥塑活无常，戴着高帽，垂着白发，脸上是八字的眉眼和咧开的嘴唇

西城门内路北的关帝庙，当地一般称作老爷庙。这里曾经被辟为村庄的学堂，一壁是黑色的油漆涂刷泥墙的黑板，上面的粉笔字已经模糊不清。和阎王庙一样，当年，人们用混着稻草的黄土泥巴与石灰浆将其覆盖；今天，小心剔除涂层，我

庙之左右，石制台阶的走廊两头，也对称地画着劝人向善的壁画

们还能看到局部惟妙惟肖的壁画。只是，事起仓促的这类“保护”，也给今天意欲恢复原貌带来不少的麻烦。在庙前院子东侧，立有一块石碑，这是现存四座庙宇中唯一的一块石碑，正面碑额“万古流芳”，碑阴勒有“永远碑记”。两面碑文大都漫漶不清，依稀能够辨认出大概内容，它主要记载的是建庙的时间和捐资人员，落款为乾隆某年。不难推测，关帝庙应该建于清乾隆年间，于今已有两三百年的历史。

百世书香

东门营老街两边，有一些房屋遭到废弃，屋脊长满了蓬勃的野草，而门前的石刻对联，下部业已埋入土中，仔细辨认，还能看出“克己功夫在九思，修身事业惟三省”等字样。和村庄庙宇散布的道教文化互为表里，儒家文化在家庭内部，在学校教育中绵延不绝。

九思，语出《论语·季氏》，孔子所谓“君子有九思”：视思明，听思聪，色思温，貌思恭，言思忠，事思敬，疑思问，忿思难，见得思义。

孔子主张“仁”，如何求仁？就要从这些言行举止着手，哪怕独自一人也要严格地要求、克制和约束自己。三省，则语出《论语·学而》：“曾子曰：‘吾日三省吾身，为人谋而不忠乎？与朋友交而不信乎？传不习乎？’”每天都要从三个方面检查自己，以此求放心，严于律己。

那镌刻着“克己”与“修身”的人家早已搬离，过去那美好的愿景是否实现已经无从查考。久无人住的老屋，门框脱落，檐椽朽烂，房屋倾圮，瓦砾丛中只见杂草郁郁葱葱，大自然在逐渐抹除人类遗留的痕迹。眼前的景致令人顿生感慨，一代人曾经在此繁衍生息，最终却舍弃了祖辈苦心经营的家园，剩下几座废弃的老屋，尘归尘，土归土，像风烛残年一般，在日晒雨淋中走向终结与消亡。

但，也有不会终结与消亡的精神。

从老街东口向西，不过三五百步，就到了“百世书香”——4个墨书大字，挂在房屋西头的门楣之上，听说这是有两三百年历史的老房门额。临街泥墙，隐约可见褪色的红色美术字标语：爱国家爱集体；鼓足干劲力争上游。屋檐之下，悬挂有五块印痕斑驳的木匾，除了两块由于年代久远已经无法辨认，其他三块，依稀可见“德寿双全”“年高德劭”“齿德可风”等字样。《孟子·公孙丑下》：“天下有达尊三：爵一，齿一，德一。”孟子认为，爵位、年齿和道德，是天下三样最为尊贵的东西。此处“齿德”合称，指年龄与德行，“可风”，即可为表率之意。因此，这三块木匾，都在颂扬原先的房屋主人德寿双馨，堪称世人的楷模。

原来，这是村中赫赫有名的41号院孙家大院。据传，清朝末期，东门营村出过一个举人孙寿龄，就是在这座大院中出生。他自幼饱读诗书，前往宣化府应试而中，时人都学而优则仕，他却选择返归家乡，办起了私塾，传道授业，以启民智。以此，官府题送匾额，旌表他不务功名、惠及乡里的行为与晴耕雨读、无私奉献的精神。早年的送匾，一如今天的颁送锦旗，是中国古代民间盛行的一种“旌表”形式。给具备美好德行的人赠送牌匾，个人可以表达感恩，政府借以树立榜样，客观上起到了知恩图报、净化民风的作用，并在一定程度上满足了人们获取荣誉的心理需要，鼓励并传播着社会的正能量。

孙寿龄无疑算得上是旧时乡土中国士绅的代表。他们虽无一官半职，或者退食自公，但其知识与文化、年寿与品德、能力与资源，足以赢得人们的普遍尊敬，利用这一来自民间的声望，他们可以协调官僚体制与农民的关系，可以维系一个社区的结构与秩序。更为重要的是，孙寿龄的德行潜移默化地改变着乡村社会，深深地影响着一代又一代人。

41号孙家大院“百世书香”屋顶的瓦当。私塾传道授业，推崇晴耕雨读，但这一建筑构件却显出几分威严凌厉

据村中老人介绍，“百世书香”的风气，塑造了东门营村晴耕雨读的文化氛围。在老村区40号民居门楼雀替雕有一“耕”字，在其家砖雕影壁上更有“家传敬义数千载，世继诗书几百年”的对联。而在老村区5号民居残存的座山影壁，也有“世间好事忠和孝，天下良图读与耕”的砖雕对联。甚至在那些道教的庙宇中，我们都还能清晰地看到一些表现“渔、樵、耕、读”等内容的壁画。此风传承之下，东门营村培养出了不少的人才。自1977年恢复高考至今，人口不多的东门营村，考上大中专院校的人数都远多于周边其他村落，仅孙家后代据说就有十几二十个。

至于孙寿龄及其家族的历史，村人的讲述又不尽相同。有人说，孙寿龄不是举人，只是个秀才；有人说，孙家有人做过副县长；有人更正说，哪里是副县长，是副县长为他家颁发了匾额。就是这样，掺合着历史与演绎，乡村贤达的云烟往事，正成为人们口耳相传、添枝加叶却互见歧义的一代传奇。诚然，乡贤孙寿龄已然成为村里广布人口的传说，“百世书香”也就成为东门营村的一道文化品牌。

在我们离开村庄的那天早晨，听闻有延庆区的领导前来调研，意图修缮“百世书香”的老屋。我们衷心祝愿，以此为标识，赓续耕读文化，保持教化育人的精神弦歌不辍。

乡村故事

入住东门营村，我们住的是村庄卫生员孙叔推荐的农家院。

酒香不怕巷子深。七座的座驾开不进堆满建筑材料的街巷，我们安步当车，在孙叔的带领之下，一路迤逦前行，来到村西头的农家院。巷子也

清晨的东门营村，整洁而静谧

就两米来宽，但跨进院落的门槛，里面却别有洞天，整洁而静谧。

五十来岁的老板夫妇，热情地欢迎我们，安顿我们歇息之后，就张罗着准备午饭。男人生怕耽误了时间，叫来附近的年轻侄子帮忙，但利索的大姐却雷厉风行，不大一会儿，一顿丰盛可口而别具风味的午餐就端上了餐桌。

其中就有炒傀儡。

初听炒傀儡这几个字，我疑心这道流行于张家口、内蒙古、延庆（北京）、山西地区的特色美食，和油炸鬼一样，为谐音，可能也与宋代秦桧相关——民间痛恨奸臣，就诅咒他们下油锅；炒傀儡则更甚，先千刀万剐，蒸后再炒，不如此似乎泄不了愤。初尝炒傀儡，舀一小勺入口，松软爽口，甜中带一丝酸，既可当作开胃的点心，又可作为果腹的主食。

大姐告诉我们制作的方法：土豆削皮洗净，然后切丁，加入盐和面粉，充分搅拌均匀。锅中烧水，将拌好的傀儡倒入屉中，然后上锅蒸半小时至熟。炒锅中加油，放入葱姜蒜，添酸菜碎末，煸炒出香味，然后放入蒸好的傀儡进行混炒，炒至略焦而出锅。整个烹饪过程，各地略有差异，而添加酸菜是大姐个人的发明。在她看来，甜中含酸，更具风味。更何况，自家腌制的酸菜，既卫生，又可口，在炎热的夏天吃上一勺、一碗，口齿生香，酸爽之后还有余甘。

按说，老板是不应坐到客人的餐桌上来的。但晚餐的时候，我们彼此已经熟络。面对一桌丰盛的晚餐，我们吃得津津有味，由衷地赞赏她高超的厨艺。大姐很高兴，话更多了起来。看我们酒足饭饱，也不忙于收拾餐桌碗筷，更不满足于一旁插言，而是自然而然地坐上圆桌的空位，开始动情地讲述她曲折而感人的人生故事。

大姐九岁那年，父亲就去世了，家庭一下陷入困境，母亲拉扯着几个孩子，有些力不从心，便准备把小她五岁的妹妹送人，这话不知怎么就传进了她的耳朵。还是孩子的她，很有主张，她找到母亲，坚持不让把妹妹送人，说苦就大家一起苦。她小小年纪就开始勇挑生活重担，帮助母亲安排一家人的生计。

等到成家立业，养儿育女，一路顺风顺水。可哪知天有不测风云，在2003年非典那年，女儿先是食欲不振，后来出现呕吐症状，到医院一检查，才知患上了尿毒症！犹如晴天霹雳，全家几乎都被震晕了。冷静下来，一向坚强的大姐没有被吓倒，她一边经营着校园边上的餐饮生意，一边三天两头就往医院跑，带着孩子做透析。这样折腾了两三年，钱填进去不少，可孩子的身体却不见好转。她又抽空学习与肾病相关的知识，参考医生的建议，决定给女儿做换肾手术。

肾源从哪里找？看到女儿被病魔折磨的身体，大姐毅然决然，要献出自己的肾脏。在北医三院，做过了术前检查，进行了排异测试，但等院方通知手术却耗费了不少时间，大姐又直接找到主刀大夫，终于说动早日开刀。

“手术倒打了麻醉药，什么都不知道，但术后一个月，真疼啊，站立坐卧都不成，弯着腰，挺不直身子，也睡不好觉。”大姐缓缓地讲述发生在自己身上的故事，情不自禁地回味起当年的痛苦，轻轻摇头。她担心过不了这一关，但最后福星高照，女儿和她，都挺过来了。

听完这则故事，身边的女生已是泪眼婆娑，我们都被她伟大的母爱深深地感动了。血浓于水，母亲救了孩子一命。细细打量身边的女人，不承想，这个干练精明、热情开朗的女人，为了孩子，为了家庭，付出了自己全部的、无私的爱。而今天，为了明天更好的生活，为了留给儿女更多的财富，她还在勤勤恳恳地日夜操劳。

大姐给我们看孩子的照片，手机里的女儿，有点发胖，但健康强壮，面色红润。听她讲，十几年来，女儿活得很好，还成了家，生儿育女。说这些话时，她的脸上浮现出满足和欣慰的表情。

像收集散落文物的碎片，我们此番的任务是收集口耳相传的民间传说，调研那逐渐消失的民间技艺，但对象既然涉及见证者与传承人，就应该带着温情，耐心地聆听他人的倾诉。或许，偶然萍水相逢，人们可以分享彼此的人生，可以交换生活的滋味。

在东门营村，最早的铁匠，该是为戍边的战马钉掌的吧？进入民族融合的和平年代，鬻刀买牛，攻伐防卫已经不复长城的历史功能，甚至农耕形成的自给自足的经济也都淡出了村庄。社会结构、娱乐方式发生了巨大的变化。那个领衔高跷的老队长，再也不从事这项有些危险的活动了，他头一天还在家门口盯看自家的建筑工地，第二天就跑到了附近的古崖居去卖冰棍。城市的广场舞也传播蔓延至村庄，吃过晚饭，上了岁数的老年妇女们，齐聚村委会附近的广场，不再跟随秧歌锣鼓的节奏，而是应和着流行的音乐，踢踏，踢踏，左旋而右旋。

坐在家门口砸杏核的女人，自清早起来，已经砸出四撮箕的杏核，那酸涩的果肉已经装了满满一个编织袋。六七块钱一斤，一个上午，十三五斤的杏核，又能换出百八十元的零花钱来。因为女人照看过姐姐家的女儿，外甥女长大后，总爱带着她这个小姨外出观光，乘高铁去过桂林，坐邮轮去过日本。明天，就是明天，孩子又要带她去大连消夏。

坐在家门口砸杏核的女人，自清早起来，已经砸出四撮箕的杏核，又能换出百八十元的零花钱了

一位穿着素净的清洁工飘然走过，人们围着一张棋桌在背阴的巷道里酣战起来，而树上的知了，声声叫着乡村宁静的夏天。

东门营村的环卫工人

古崖穴居

沿着东门营东南—西北一线的010县道前行，乘车不过七八分钟，我们来到“千古之谜”的延庆古崖居。

随行的同学，并没有计划考察这一风景名胜，但若这次与其失之交臂，又要等到哪年哪月呢？虽然没有带学生证，少了半价的优惠，但在我的鼓动之下，大家也都兴致盎然。在阴天的午后，伴随着隐隐的雷鸣，我们开始攀爬峡谷里的这处古崖居遗址。

说来，古崖居是我国已发现的规模最大的崖居遗址，开凿居住的古先

古代奚族开凿的洞穴崖居

民奚族人，很长时间以来都被历史遗忘了，但他们留给我们的独特而富有智慧的建筑造型，引起世人无限的猜测与遐想。

《易·系辞》：“上古穴居而野处。”大自然鬼斧神工，为古代的人类提供了最原始的寄身之所。进入氏族社会以后，随着生产力水平的提高，房屋建筑也开始出现。但是在环境适宜的地区，穴居依然是当地氏族部落主要的居住方式，只不过，人工洞穴取代了天然洞穴。比如，在黄河流域，广阔而丰厚的黄土层土质均匀，含有石灰质而不易倒塌，窑洞式住宅也就在山西、甘肃、宁夏等地广泛出现。

在悬崖上开凿洞窟，自然要比在地面上的泥土中挖掘洞穴困难得多。而其用途，或为宗教造像，如龙门、云冈、莫高窟和麦积山，都有石窟。或为悬棺崖葬，多为南方少数民族处置死者尸骨的一种特殊方式。《稽神录》中就有这样的描写："建州武夷山，或风雨之夕，闻人马箫管之声，及明，则有棺椁在悬崖之上。"而真正作为部族或家庭的住所，却并不多见。在湖北恩施，当地有典型而独特的丹霞地貌，红色砂岩经过长期风化剥离和流水侵蚀，形成了许多天然的崖洞。由于砂岩质地疏松，易于修整开凿，自古以来，土家族人多以崖穴为家，他们在干燥的洞穴之内重新搭建房舍。

延庆的古崖居，就是一处古代人在陡峭的山崖上凿建的居所。在峡谷中一条不到10米宽的山沟两侧，距离谷底近10万平方米的陡峭花岗岩石壁上，遍布着人工凿刻的大小不同的石室。依石室的位置所形成的自然村落，古崖居可以分成前、后两个区域。前沟南、北、东三坡凿有91处石室；后沟东坡一处凿有26处石室。这些石室的洞口毗邻，位置错落有序，石室一般高1.5～1.8米，呈长方形或正方形，其中以一明两暗的三套间居多。全部石室分布成楼层状，层与层之间有蹬道、石梯和栈桥相连。

据统计，古崖居保存下来的石室，从功能类型上，可以分为居室、储藏室、马厩、议事厅等。低层为马厩——据推测，奚族的马多为矮脚马，高层为居住区。步入石室，少的只有一间，多的有两三间甚至更多。有的房间还用圆孔或方孔将上下两层贯通，好似今天流行的越层，据说最多的有上下五六层相互连通。不用走出洞窟，奚族人就能在山体内部互通有无。

古崖居的房间大都坐东向西，前山洞窟面积比较大，但结构相对单一，后山则火炕、马圈一应俱全。洞窟内有门、窗、壁橱、灯台、火炕、

全部石室呈楼层状分布，层与层之间有蹬道、石梯和栈桥相连

穴居，免不了幽暗。但古代的民族，在遮身蔽体之际，一步一步从蒙昧走向文明

排烟道、石灶和马槽，排烟道上方则凿有人字形刻槽。身边有一组游客，带领他们的导游问大家人字形刻槽的用处。大家都七嘴八舌，说不出个所以然来。最后导游公布答案，说这是为了在雨天引流。

在中区西侧崖壁，最豪华也最吸引人的要数单体石窟区。残存部分上下两层，由8个大小不等的房间组成，下层平面呈“凸”字形，面阔三间，主室最宽达11米，进深8米，高3.6米。大殿前出廊，原由两根粗大的岩柱支撑，并且凿出歇山式屋顶。这里是整个古崖居规格最高、结构最复杂的建筑，当地人称这里为“官堂子”“金銮殿”。据推测，作为整个古崖居的核心建筑，这里可能是部落首领居住之地，也可能是议事、裁决的公共场所。

是怎样的部落或力量聚集于此，数百年来不见文献记载？古崖居恢宏庞大的崖穴建筑，成为难以索解的秘密。对此，有几种说法：或称系汉长城烽火台遗址；或称为唐朝政府的粮仓；相对完善且得到普遍认同的说法是，此延庆崖居乃唐朝至五代时期（7—9世纪）的少数民族奚族聚居的崖居山寨。

奚族，本名库莫奚族，是中国北方古民族，为东部鲜卑宇文部的一支。根据《魏书·库莫奚传》记载："库莫奚国之先，东部宇文之别种也。初为慕容元真所破，遗落窜匿松漠之间。其民不洁净，而善射猎，好为寇钞。"在北魏时期，奚族人的居地范围在弱洛水（今内蒙古西拉木伦河南）、吐护真水（今内蒙古老哈河）流域，后游牧于辽宁西北部及河北张家口地区，他们生活于山林，从事狩猎或放牧。唐贞观二十二年（648

在中区西侧崖壁，有一处规格最高、结构最复杂的建筑，当地人称其为"官堂子""金銮殿"

年），奚酋可度者率众内附，唐太宗用婚配笼络，有3名奚族首领迎娶了唐朝皇帝的公主。唐朝末年，部分奚人在奚族首领去诸率领下西迁至妫州（今河北怀来县）北山，内附于唐，史称西奚。

此后，奚人不断起来反抗契丹的民族压迫，但几经起落，奚族逐渐丧失了独立地位，变成契丹贵族统治下的一个部族。12世纪后期，奚人迅速被女真人同化或与汉族融合。金代以后，历史上再不见有奚人活动的记载。

08 柳沟情事

大雨中，从110国道转006县道西北路，我们乘车来到井庄镇柳沟村。

柳沟村位于延庆区政府东南10千米，井庄镇南部，大榆树镇以东，居庸关正北，八达岭东北。进到村子，满眼都是豆腐宴的招牌，但我们做过攻略，知道这里“曾是当年龙战地”，在有明一代，它是重要的军事重镇。

明代军事重镇

早在宋辽时，柳沟就是战场。成吉思汗登上汗位的第六年（1211年），就率军经此伐金。明初，瓦剌、鞑靼等部先后进犯关内，都是取道柳沟进攻八达岭或居庸关。

柳沟，《宣镇图说》这样描述：“柳沟西南沙河，东北平坦，乃南山适中之地。南至碓臼石二十里，通德胜、贤庄、灰岭三口。西南连岔道，东北带永宁，边汛辽阔，丛山深僻，地属扼要，驻防极重。”柳沟南部的山当地人唤作南山，实燕山余脉，东北—西南走向，与太行衔接处，多个山口连起一道关沟，连接北京平原和内蒙古草原，从而成为历史上西北、东北的少数民族觊觎中原的险要通道。尤其令人不安的是，明朝皇帝的墓葬群，位于昌平燕山山麓的天寿山，祖宗的陵地随时都有遭受侵扰的威胁与风险。

明嘉靖二十二年（1543年）宣府巡抚都御史王仪奏请在明陵龙脉山峦之后修筑一道边墙。皇帝下诏，指令由礼部行钦天监来看风水，堪舆者说：在九节（一节大约5里）之外，无伤龙脉，可以修筑。于是就在妫川盆地南缘，昌平北部群山之北，修筑了宣府镇南山路边垣。对此，万

旧城新貌

历四十二年（1614年）东路管粮运副杜齐名在《南山志总论》中这样说：“南山者，东路之南也，东路之南则腹里矣。乃以联城列墩以为边者，以其一带之边为防护山陵耳。……沿边如海字口、谎炮儿、韩家口、灰岭、柳沟、大小红门等处最称冲要，防御尤宜加意焉。……往时三镇（宣、蓟、昌）推诿，经数十年无肯任者，非难于墙，为难于守也。近倚宣镇完局矣。然临事必三镇共力同心，庶几无失。”

正是因为柳沟的地理位置十分重要，嘉靖三十年（1551年）置柳沟守备。嘉靖四十五年（1566年）置南山路参将，驻柳沟，为宣府镇七参将之一，辖岔道、柳沟、榆林三堡及南山各隘口，驻军曾达1290多人。明隆庆元年（1567年）筑城。“城周三百十八丈，高三丈五尺，门四。”明崇祯十三年（1640年）置总兵。按当时官制，“各守一城一堡者为守备；独镇一路者为分守，即参将；总镇一方者为镇守，即总兵”。柳沟的建制一升为守备，再则升参将，三则升总兵，其地位与昌平、宣府并列。有明一代，洪武年间，全国设蓟州、辽东、宣府、大同等十镇总兵，宣德年间添山西、陕西两镇。嘉靖年间分两广为广东、广西，分湖广为湖广、贵州，又增设福建、昌平等四镇总兵。隆庆年间设四川总兵。天启年间设山东总兵。以上共计总兵二十员。崇祯十三年置的柳沟总兵是第二十一员总兵，

遵照旧形制垒建的新城门

柳沟成为当时延庆地区最高军事长官的驻地。

当时，明代军事统帅陈新甲，先任职宁远，后巡抚宣府。因为军备长期松弛，陈新甲上任后亲自到边防墙堡去视察，走过前人足迹没有到过的地方，全面掌握了兵马伤亡、城堡倒塌及弓箭等兵器的损坏情况。然后几经上书向朝廷请求，对这些情况加以整顿，边防因此有了保障。崇祯十三年（1640年），陈新甲担任兵部尚书。朝见皇帝后，陈新甲上呈保卫邦国的十条办法，是为《保邦十策》。

陈新甲上呈建议，为保卫陵寝，原先设置的东西两协，恐怕各自为政，为统一协调，居中调度，要在天寿山陵后柳沟设置总兵，“陵后柳沟，南控长陵，北镇独石，东历四海冶，西历岔道，又若左右腋之擎后背然。向设南山两协，一驻柳沟，一驻榆林，布置颇密，惟是两协势不相下，恐画地自委。今议改协为镇，总兵仍驻柳沟，居中调度。改东协为左翼，驻四海冶，以防陵东，与黄花镇策应。改西协为右翼，仍驻榆林，以防陵西，与镇边城策应。有警则宣镇总兵堵御外边，陵后总兵防守内地，又与陵前总兵（驻昌平）联络，于东西红山各口设防，天寿宛如泰山，屹立于中央，而四维之矣。”（《日下旧闻考》）

根据《明史》中陈新甲的传记，崇祯皇帝采纳了他的建议：“陛见毕，陈‘保邦十策’，多廷臣所尝言。惟言天寿山后宜设总兵，徐州亦宜设重镇，通两京咽喉，南护凤陵，中防漕运，帝并采用之。复陈枢政四要及兵事四失，帝即命饬行。”1998年，榆林堡出土的“制胜台”石匾，其上下款识显示，在柳沟设置总兵的同时，榆林、四海冶两地分置有副总兵。

柳沟设置总兵不过几年，崇祯十七年（1644年）年三月，李自成率农民军攻克宣化、岔道，攻打八达岭关城。但八达岭地势险要，防御严密，农民军久攻不下。李自成于是改而北上，转攻柳沟，然后分兵合围居庸关。当时，陈新甲因泄露主上与清兵和议已于两年前被杀，他苦心经营的宣化—柳沟—昌平三总兵，这时到底不能互相策应，非但不能防守明朝先皇列祖的陵寝，连大明的江山也都葬送掉了。

穿越历史的隧洞

清初，柳沟仍然延续总兵建制，由于清朝的版图较明朝有所扩大，其统治逐渐稳固，延庆地区失去了边防前线的作用，也没有必要再防卫明代的陵寝了，柳沟城的地位因此日渐衰落。据《清实录》记载，清顺治二年（1645年）裁柳沟营总兵官、副将各一员，兵两千名。顺治六年（1649年），柳沟设守备一员，兵两百名。雍正十年（1732年）撤守备，改设把总。另据《延庆州志》记载，到了清光绪五年（1879年）柳沟城设把总一员，守兵只剩22名了。

现存柳沟城遗址呈不规则方形，南城墙长352米，北城墙长378米，东城墙长286米，西城墙长247米，周长约1263米。北城门上部筑有城台，内侧设有登城马道。北城门外重建瓮城一座，四方形，西侧辟一门。在现在的百度地图上，这一带显示为柳沟古城。我们坐着车，在阳光与阴影中穿过瓮城门洞，想象着古时刀光剑影的战场，更想象坐着敞篷车来换防，样子很拉风。

纳兰柳沟晓发

何处淬吴钩，一片城荒枕碧流。曾是当年龙战地，飕飕，塞草霜风满地秋。

霸业等闲休，跃马横戈总白头。莫把韶华轻换了，封侯，多少英雄只废丘。

灯影伴鸣梭，织女依然怨隔河。曙色远连山色起，青螺，回首微茫忆翠蛾。

凄切客中过，未抵秋闺一半多。一世疏狂应为著，横波，作个鸳鸯消得么。

清代的柳沟，不复明代的辉煌，但一名康熙御前的侍卫，来到柳沟、黄花城等地，夜宿柳沟后于次日清晨出发，然后像往常一样扈从巡边。上面的两阕词《柳沟晓发》，就是这名侍卫留给柳沟的遗产，

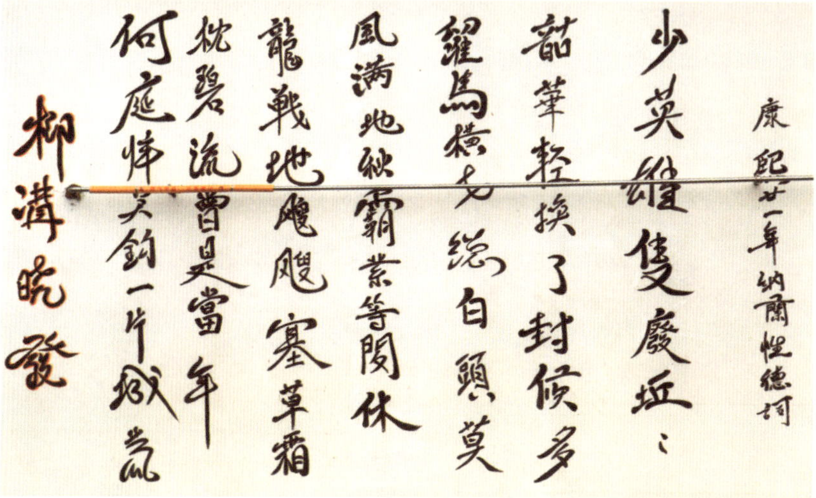

柳沟村的主街，除宣传画之外，还有纳兰的《柳沟晓发》

也是留给我们的线索。他就是清初大才子纳兰性德。

清顺治十一年（1655年）十二月十二日，纳兰性德，字容若，生于京师。自幼饱读诗书，文武兼修。17岁入国子监，被国子监祭酒徐文元赏识，推荐给他的哥哥内阁学士徐乾学。18岁参加顺天府乡试，考中举人。19岁参加会试中第，成为贡士，但因病错过殿试。康熙十五年（1676年）补殿试，考中第二甲第七名，赐进士出身。

纳兰性德出身显赫，其父为当朝重臣纳兰明珠，且家族与皇室沾亲带故。康熙爱其才，留在身边授三等侍卫；不久后晋升为一等侍卫。他多次跟随康熙出巡，曾扈从东巡，至盛京、松花江、大小兀拉等地（1682年）；扈从西巡，至五台山（1683年）；至古北口外避暑（1684年）；扈从南巡至金陵、扬州、苏州等地（1684年）。也曾奉旨跟随副都统去梭龙，侦察沙俄侵边情况（1682年）。

1674年，纳兰性德娶两广总督卢兴祖之女为妻，赐淑人。是年卢氏年方十八，“生而婉娈，性本端庄”。虽属包办婚姻，但成婚后，夫妻恩爱，感情笃深。可惜仅仅三年，卢氏因难产而死，纳兰性德陷入无尽的悲痛中，他时常追忆两人在一起的美好时光。此后，纳兰性德又续弦官氏，并有侧室颜氏。且在而立之年，在顾贞观的帮助下，纳江南才女沈宛。但迫于当时情势，不能与汉族女子通婚，所以沈宛不能进入纳兰府。不久，纳兰性德去世。对于风流的才子，早在清朝，就有人谣传他所钟情的表妹被选入宫，从此两人咫尺天涯生离死别，但这一段感情并不可考。

纳兰性德词作现存348首（一说342首），24岁时就自编词作成集，名为《侧帽集》，又著《饮水词》。后人将两部词集增遗补缺，合为《纳兰词》。其内容涉及爱情、友谊、边塞、江南、咏物、咏史及杂感等方面，写景状物关于水、荷尤多，抒情则以悼亡最为凄婉（卢氏死后，前后作40余首以缅怀）。作为性情中人，纳兰的词缘情而绮靡，曲折而幽深。时人云：“家家争唱《饮水词》，纳兰心事几人知？”

对纳兰的词作，其友人顾贞观给予了高度评价：“容若天资超逸，悠然尘外，所为乐府小令，婉丽凄清，使读者哀乐不知所主，如听中宵梵呗，先凄惋而后喜悦。容若词一种凄忱处，令人不能卒读，人言愁，我始欲愁。”后世王国维更是对纳兰性德推崇备至：“纳兰容若以自然之眼观物，以自然之舌言情，此初入中原未染汉人风气，故能真切如此，北宋以来，一人而已。”

回到《南乡子·柳沟晓发》［何处淬吴钩］，词中大意：秋天的早晨，词人又要上马出发了。眼前是昔日的古战场，哪里是焠砺宝剑的地方？古城一片荒芜，只剩下碧水长流，霜风萧瑟，而满地的塞草随着秋风俯仰、飘摇。跃马横戈，到头来已是垂垂老矣；勋功霸业，还是算了吧！

千万千万，莫把宝贵的年华去换取什么功名利禄，那些荒凉的坟丘，天晓得埋葬了多少英雄豪杰！

词人莅临柳沟，目睹一片荒芜的城池，悬想此地曾经的铁马兵戈。此情此景，正如姜夔的《扬州慢》：“淮左名都，竹西佳处，解鞍少驻初程。过春风十里，尽荠麦青青。自胡马窥江去后，废池乔木，犹厌言兵。渐黄昏，清角吹寒。都在空城。”但纳兰性德和姜夔不同，后者的心境，更认同杜甫的“国破山河在，城春草木深”，前者是征服者的后裔，却也发出黍离之悲，吟哦“塞草霜风满地秋”。怎么理解他内心深处的感触与悸动？应该说，纳兰性德接受汉族文化，能够与汉族士子一样感同身受，且给予被统治的民族以同情的理解。同时，他更超越征伐双方的胜败得失，站在人类命运的高度，对战争、历史、家国进行反思，而且有着绚烂之后归于平淡的大彻大悟。

村中石碑

正是因为是强者也是胜利者的回望，自不同于弱者也是注定要失败者的抗争。在征服者眼中的霸业，在被征服者这一方，却是拼却身家性命也要救亡图存。因此，同是“等闲”同是“白头”，宋代名将岳飞身处世乱时危，国祚日艰之时，“莫等闲，白了少年头，空悲切”，主张要积极地战斗，挽狂澜于既倒，扶大厦之将倾；而处于一统天下、河清海晏时期的纳兰性德看来，“霸业等闲休，跃马横戈总白头”，大浪淘沙，历史上的英雄人物，到最后还不是只剩下一抔黄土，词人由此表达了对个人功名、开疆拓土的厌倦，发出何为人生理想、人生价值的感慨。

文治与武功，对于纳兰性德，按说都不成问题，但身为康熙的侍卫，职责所在，限制了他的自由，也限制了他实现其未酬的壮志。他不得不多次扈从主上巡边，建功立业转而为一人服务，纳兰心中应该充满着苦闷吧？但是，身膺殊荣，奔波于途，内中的曲折又能向谁诉说？他倒是想独善其身，回到儿女情长中去，回到香软甜蜜的家庭中去。因此，那牵绊着征衣的，那萦绕于心间的，是翠娥的横波流转，是闺中的青螺如黛。

天色渐曙，天上的织女，是不是伴着孤独的灯影，又纺织了一夜？她依然在怨叹，银河迢迢，将她与她的牛郎生生分离。远山渐渐清晰，耸若青色螺髻。回顾上马的地方，一片苍茫，词人情不自禁地回忆起家中的妻子。羁旅行役，一个人孤凄在外，与鸳鸯双栖耳鬓厮磨的日子相比，还要多得多啊。一世的狂放不羁，应该是为了家中的伊人。与相爱的人厮守一生，才是人生的意义和真谛吧。

做个鸳鸯消得吗？纳兰性德许是厌倦了，才想退回到温柔之乡。他在给严绳孙的信中说：“弟胸中块垒甚多，非酒可浇，庶几得慧心人以晤言消之而已。沦落之余，久欲葬身柔乡，不知得如鄙人之愿否？”纳兰性德心中的块垒，或许可与友朋倾诉，是以他拖着病躯，在花间草堂分享片刻的轻松与欢愉。“阶前双夜合，枝叶敷花荣。疏密共晴雨，卷舒因晦明。影随筠箔乱，香杂水沉生。对此能销忿，旋移迎小楹。”这个多情的人，希望借以“销忿”，但他那“卷舒因晦明”的心境，他那卑微而切身的愿望，都随着他三十一岁英年早逝而终成千古。

需要补充说明的是，《柳沟晓发》中的“枕碧流”并非虚写。在柳沟村以北四五千米有妫水河。如今，站在修葺一新的柳沟城北瓮城之上，天气倘若晴好，平畴远处，能看见有一条玉带在闪闪发光，那就是妫水河。

纳兰已矣，但其事、其情、其词成为传奇。于柳沟，《柳沟晓发》书之于墙，勒之于石，成为当地的一项历史资源，一个文化品牌。

站立古老城墙之上，远山如带，“一片城荒枕碧流”，依稀可见处于中远景的妫水河

革命历史故事

进入柳沟村，在县道两旁，尤其是停车场附近，承接餐饮、住宿业务的农家院鳞次栉比，一家又一家，竖立着阿拉伯数字的号牌，热烈而诱人的广告牌招揽着上门的游客。不是周末和节庆的工作日，来这里消遣观光的城里人并不多，街道上偶尔走过清洁工人、开着三轮车采买食材蔬菜的村民。而一些操持着农家乐的主妇、老板娘们，时不时地在公路和广场附近逡巡，看到有三五成群的游客走近，踱步上前凑近询问是否吃饭，是否住宿。和她们所期待的不同，我们更希望坐下来，聊聊这里过去的传说和民间的技艺。

然而，穿过柳沟新建的北门瓮城来到柳沟古城部分，我们就真切地感受到不一样的柳沟。在这里，有着传统村落习以为常的景象：炊烟袅袅，鸡犬相闻，累累南瓜爬墙头，簌簌衣巾落枣花。最主要的是，这里有热心而纯朴的村民，他们秉持着传统的待人接物理念，不计较功利，不催促消费，在舒缓而悠闲的节奏中，彼此敞开心扉。

这回来到柳沟村，负责接洽的文化专员头天下午与我们匆匆见了一面，但第二天却电话告知我们其到延庆忙去了。上面介绍的这条信息渠道突然走不通，我们也不着急。船到桥头自然直，车到山前必有路。我们有腿可走，有嘴可问，有眼可看，田野调查不怕遭遇临时的困难，更何况人类学参与观察，更主张深入社区，在实际参与研究对象日常社会生活的过程中进行隐蔽性的观察呢。

我也是运气好，到乡村访古，总能意外地碰上热心而友善的“掌故

柳沟新村

通”，要不，多在墙根、树下、田塍、地头，偶遇“老村长”或老书记。一般来说，现任的村干部忙得很，各种事务缠身，有时候电话不断，应接不暇。与之相对，退下来的“老村长”、老书记自然清闲得多，加上一任十几年甚至二三十年的村社干部，早些时候也不在少数，他们对村庄情况自然了若指掌，对地方政策的贯彻执行曾经亲力亲为，对当地的发展变迁更是如数家珍。

在柳沟北门瓮城南向的城门券门旁边，背靠簇新的城墙，一溜烟堆放着几只皮沙发。日头偏西，一位精神矍铄的老人正坐在黄色的沙发上乘凉。他花白头发，格子衬衫，摇着一把老式的蒲扇，他就是从改革开放的1978年到1998年主持村里工作的“老村长”。

在瓮城墙根，“老村长”动情地给我们讲述了一则故事，一则柳沟村的

柳沟村的“老村长”，对柳沟的历史与故事如数家珍

革命历史故事。

话说抗战末期，大约在1943年，平北游击队在柳沟村开展抗日活动，经发动和组织起来的村农会和妇救会就经常给八路军送情报、送军粮。村庄如果一时被日伪所控制，在党的领导下，村农会和妇救会则又发动群众抗粮、抗税，把好粮食都隐藏起来。抗战胜利之后，中国共产党的党政机关撤到山里，由逃亡地主组织的反动武装“还乡团”反攻倒算，进行报复。血雨腥风，白色

柳沟古城北门一带的老街道

民众最朴素的愿望，就是祈求平安。此为村中一棵400多年树龄的国槐，村民称其为平安树

恐怖，但妇救会没有被吓倒，仍在村里坚持对敌斗争。妇救会主任联合各村干部的家属，组织一些妇女给游击队做军鞋，送军粮，还给隐藏在村内的伤病员缝补衣服，拆洗被褥，做汤送饭。

1948年2月，国民党保警队突然包围柳沟村，要抓捕共产党。当时，妇救会主任已经被抓，所有的妇女也都集中在一个空旷的场地上。有的妇女机灵，谎称小解跑掉了，但故事的主人公妇救会小组长，因怀孕挺着大肚子，身边还有两个小子，就没有跑。最终，她的婆婆领走了两个孩子，她本人却被解押到县城，关进了监狱，不久就被杀害了。

一口气讲完这个令人唏嘘的故事，“老村长”停顿下来，我们都很静默，一时无言。

火盆锅豆腐宴

到柳沟，不得不说豆腐。这里的豆腐宴，名闻遐迩。或者，换个说法，要是不吃豆腐，店家似乎就不知道怎么招待，您就等着挨饿吧。假如在这里待上个两三天，天天豆腐顿顿豆腐，保管您从上到下都串着豆腐的气味，打着豆腐的饱嗝儿。

说起豆腐，话就长。回到个人，就要说起自己成长的记忆。追溯历史，就要溯源汉代刘安的传说。谈起民间文学，则可以聊聊关于“逗夫”的故事。针对延庆的柳沟，则要从独特的火盆锅说起。

说老实话，我们没有见到古老的火盆。文明的人类已经不用柴火，改用清洁的能源天然气了。自然，这就与早先的烹饪过程，乃至原初的炊煮工具有着较大的差异。推溯原始，火盆锅泥塑，后来才改为铁、铜，近似砂锅一般具有恒温、保温的效果。和普通的炒锅薄身而敞口不同，它厚实、收口，形状一如今天电饭煲的内胆，不过更加敦实。用三足、四方或圆圈一样的底座，架在树枝、树根等耐烧的柴火上，或者上身铸单、双提手，可以悬挂起来，以便锅底下受火。

俗话说，千滚豆腐万滚鱼。用恒温的火盆锅，加入排骨、鸡爪、鸡翅、鸡腿，添适当的水和作料，养一锅老豆腐，接着放大白菜、宽粉条等，顶上再排一圈五花熏肉，等开锅之后，改用文火，慢慢炖起来。“咕嘟咕嘟”，水汽蒸腾起来，香味飘散开来。在柳沟村22号院，和其他农家院一样，大圆桌上早就排满了冷热荤素的小菜二三十盘，我们有些急不可耐，要一尝这最具特色的火盆锅豆腐。

“绿蚁新醅酒，红泥小火炉。晚来天欲雪，能饮一杯无？”这是文人名士的趣味，但，喝茶饮酒只能是填饱肚皮之后的雅事，在我们俗人这里，困了要睡觉，饿了要吃饭。面前是浸透了汤汁的豆腐，时间稍微一长，筷子不能整块儿夹起来，得用漏勺捞。即便是炎热的夏天，也可“以毒攻毒”。因此，无论春夏秋冬，只要不烫着嘴，尽管敞开了怀，吸溜着气，甩开膀子吃个痛快！

酒饱饭足，问这豆腐怎么做的。老板娘微笑作答，自己家并不做豆腐。全村有四五家专门在做，以供应农家乐豆腐宴的豆腐。一锅豆腐16块，每块两三斤，人多，就要一锅；人少，就少要几块。每逢节庆，来柳沟村的游客多，预订豆腐很紧俏，豆腐的制作就得增量。不估算好，临到头少了主菜豆腐，就只有干瞪眼的份儿了。这里的豆腐和南方用石膏点兑的豆腐不同，也和一般北方用卤水点浆有异，而是用酸浆——发酵的豆浆或酸菜酸浆点兑。用自然的酸浆点兑，豆腐口感滑嫩细腻，丝丝香甜，咂摸就有余甘，回味无穷。

柳沟墙上的豆腐制作壁画（组图）

老板家用的豆腐是向村中松芝家订的，同行的男生、女生的好奇心上来了，要去看看如何做豆腐。老板娘却笑了，中午这个时间点儿，谁家会做豆腐？人家都是凌晨两三点钟起来，做好豆腐赶在太阳出来之前送到各家农家乐的。年轻的学子，不知道其中烦琐的程序，更不知道其中的辛苦！我却深知其底细。走在村中街巷，碰到老式的磨槽，还有制作豆腐的壁画，我就倚老卖老，给他们讲豆子变豆腐的过程，给他们讲我童年甜蜜

柳沟村的火盆锅豆腐

的记忆。

泡豆、磨豆、煮浆、滤渣、点浆、塑形，这大致是豆腐制作的几大步骤。柳沟村的壁画，生动而形象地描绘了这一过程。且慢，这样囫囵说过，就道不出做豆腐的麻烦，也见不出南北地域的差异了。

比如，壁画中磨豆用的磨，有着像如意一样弯曲的柄，固定在上面的那扇磨盘的表面，似乎手摇曲柄，间歇着舀喂泡涨的豆子和少许的水，就可以单人完成碾磨的工作。小磨，量少，这还差不多，真要摊上厚实的大磨，磨它几升上斗的泡豆，恐怕这件器物这种单干的方式就难以奏效了。因此，便有了充分使用杠杆原理的省力的办法：在厚实的上磨扇中揳入带孔的木方，用一头曲柄一头连接横木如“丁”字形的磨杵，房梁上垂下的绳索则套在横木两侧，高度与上磨扇齐平。如是，一人喂料，一人或两人共同推磨。这样的磨盘设计，自然省力，但必须得两三人合作，这是短处。可短处背后，一家人或亲戚朋友在推磨的过程中，可以聊聊天，说说心事，讲讲故事。推过去，其乐也融融；拉过来，其乐也泄泄，一圈，一圈，又一圈。

说到磨，在柳沟村看到的几个露天的、实物的磨盘，摞在斜向中心的一圈石头上面，且在圆周某处开槽以引流。这样浅盘的磨槽，就和我儿时所见、所用的磨大不一样。南方引流用磨槽，像高高的围垛一样，圈在磨扇的下扇之外，高与下扇齐平，且有突出的水嘴引流，以便承接流下的浆。比较这两种磨形的构造，我没有实地体验以比较其功能，但暗自推理与揣摩，北方的磨形，只是一个大圆载小圆，固然简洁大方，但磨转快了，浆就容易四溅，当然，一人推磨，也转不快吧？相比而言，南方的磨形，其磨槽的曲线，不仅线条优美，而且围垛一样的构造，可以有效地防止浆水外溅，另外其引流的嘴，最方便承接碾磨出来的浆汁。

再说点豆腐。酸浆豆腐，正如其名，所使用的点化之物自然是酸浆：将点成的豆花再次加热烧开，然后把漂浮在豆花表层的一层深色的水捞出来盛在一个容器里，放置48小时后经自然发酵变成酸浆。豆花发酵而成的酸浆，比白醋酸浆和酸菜酸浆更原生态一些。心理上，像“煮豆燃豆萁”，所谓同根同源，物尽其用，自然天成。而石膏豆腐，网上介绍说用石膏粉溶水，以此点兑，这是取巧的办法，最原始的做法是在磨槽的引流嘴上现磨石膏：一大块坚硬的石膏，浇上少许清水，来回碾磨，直到磨出浓酽的浆来，直到提起石膏在平滑如砥的平面上幻化出繁杂而美丽的图案。

做上述点豆腐的比较，我得承认，其中包含着自己儿时的经历与体验，包含着对故乡往事的追忆与回顾。无疑，南北豆腐相比，不仅所点之浆不同，器物也存在较大的差异，一些具体细节方面也存在出入，因此，也就凸显出不同地域的生产与生活方式，乃至影响家庭成员相互之间的交流和关系。当年，用老式的办法，人力推磨豆腐，单是这一个环节，就非常花时间，费工夫。除非节庆，农家轻易不磨豆腐。来了客人，割一截悬在梁上的腊肉这还好说，要是大动干戈，磨起了豆腐，就是把您当作最最尊贵的客人了！

村中的老磨盘（组图）

如今，电磨代替了石磨，甚至工业化流水线生产代替了手工作坊家庭式劳作。早年间，家家户户做豆腐，孩子们也都在石磨旁边嬉戏，在磕碰中成长；现在，只有少数人家还在专营此项活计，还延续着传统的豆腐制作的技艺。显然，市场经济活跃起来，劳动分工代替了自给自足，这是必然的趋势。不过，正如柳沟村刚卸任不久的书记所说，豆腐宴火起来，有旺盛的需求拉动，就不怕这门手艺失传。而且如今我们开始关注非物质文化遗产的传承，这就从一个侧面说明，我们的国家和社会发展了、进步了，生活富裕奔向小康了。

在柳沟村的北头，建有“北京豆腐文化博物馆”。但这里偌大一个院子，辟为对外接待游客的高级会所，除了正对大门的影壁上，镌刻着有关豆腐的历史与介绍，并没有陈列任何东西。倒是村委会附近，矗立着淮南

柳沟村的北京豆腐文化博物馆

王刘安的塑像。他端坐在基座之上，右手按膝，左手向上自然平展，身子微微倾斜，目光似乎看向靠着豆腐繁荣起来的柳沟，看向城里来此欣享豆腐宴的游客。

09 石峡关，石峡情

曾前后两次去石峡村。

第一次是随大部队进行调研，一辆大客车四五十人，浩浩荡荡地开过去。因为有各级领导在场，就得安排行程和议程，听取当地接待人员的介绍，听取指示听取发言，等到一套严谨而周全的程序结束，虽然只是走马观花，还没有和当地居民细细交谈，时间也就所剩不多，只好匆匆赶往下一个站点。

第二次是小分队展开深入考察，一辆七座车载着六个人，悄无声息就进了村。这回，没有尾大不掉的队伍，就机动、灵活，有试调研作基础，也就不必走弯路。我们很快就穿街走巷，进家串户，和当地村民打成一片。计划要住一晚，时间就充裕得多，我们就信马由缰，和村民开心地聊了起来。

我回想两次的经历，比较其收获，更深刻地理解这就是自上而下和自下而上展开调研的差异。

石峡关

石峡村，位于北京市延庆区八达岭镇西南部，紧邻八达岭长城。我们从康庄镇南下，过外炮、里炮，经帮水峪，就看见蜿蜒的长城从车前方的山岭向沟谷中的公路俯冲下来，听司机介绍，这就是长城石峡段了。

沿着沟谷再开几分钟，我们就来到了石峡村。

石峡村明代建村，该村为居庸关北部关隘，属战略要地。传闻李自成进京时经过此地，将这里劫掠一空，除几间庙宇幸免于难外，其余全部沦为废墟。清顺治年间，官府组织向这里移民，陆续来了几百人，繁衍生息

车过这个峡口，石峡村就不远了

延绵于今。

明朝末年，“石峡峪堡”是辖扼边关的一处重要城堡。据考证，关城建于明朝万历年间，东大西小，呈梯形状，面积1万多平方米，有南北两门，北门洞宽3米，门额为“石峡峪堡”，南门洞宽4米，门额“迎旭”。在石峡村的村史馆里，我们看到了南门残存的门额“迎旭”。

汉白玉门额，长方形，高0.55米，宽0.99米，厚0.15米，饰以花边，“迎旭”两字双钩，“旭”“迎”之撇、捺及卧钩，均分叉出锋。门额上款：“钦差整饬昌平等处兵备山东布政司右参议蒲板任彬、钦差镇守居庸昌平等地方总兵官都督定辽杨四畏创”；下款“大明万历四年岁次丙子吉旦立分守居庸关等处地方参将睢阳沈思学建”。

“石峡峪堡”这座关城建于明万历四年（1576年）。任彬的信息不详，但辽阳出土的杨四畏墓志，对其生平有较为详细的记载：嘉靖四十一

“迎旭”门额，想当初，有人独立楼头，迎接旭日的第一缕阳光

年（1562年），杨四畏调任宁远游击将军，扼守辽东都司通往京师的交通要道。嘉靖四十五年（1566年），升任辽阳副总兵，曾与李成梁大破蒙古军队。隆庆二年（1568年），擢升昌平总兵，与戚继光联辔行边，在自居庸关至山海关1200里的边防线上，设立水关，创设镇边口、长峪、后峡峪等4座关城，并东起黄花，西至镇边，筑城敌台199座，以使犯边之敌难入又难出，而明代守军有墙可据有台可守。后戚继光被贬广东，杨四畏接任蓟镇总兵。万历九年（1581年），杨四畏进秩右都督，特进荣禄大夫，官正一品。[1]

从上可知，长期作为驻守京师北边门户的总兵，杨四畏致力于创设关城，修筑敌台。这在当时，主要是防犯蒙古南下，到17世纪初叶，后金逐渐崛起，窥伺并入主中原的企图越发昭彰；而明王朝宦官专权，政治腐

[1] 李兆阳、张君弘：《明杨四畏墓志考》，《辽海文物学刊》1997年第2期。

败，李自成揭竿而起，爆发了声势浩大的农民起义。半个世纪前修筑的关城和敌台，能不能抵挡内外交攻的弓箭与铁蹄？

“石峡峪堡”至今只剩下一段残墙。蚂蚁在上面安家，蜂蝶环绕着翩翩起舞，野草和藤蔓爬上了墙体。昔日的金戈铁马、戍鼓锋镝都化作了历史的烟云，只留下一些似是而非、似非而是的传说，在这百十口人的村庄中口耳相传。

据传，明崇祯十七年（1644年），李自成率军东征，过黄河进山西，经大同克宣府，长驱直入，兵临雄关八达岭，但受阻于关沟——八达岭、居庸关、南口关一线。损兵折将还久攻不下，李自成内心焦躁，愁肠百结。但闯王毕竟是闯王，他扮成樵夫，混在运粮送柴的军民之中，从而得到一位当地老人的指点，说石峡关有隙可乘。李自成因此分兵一部仍然佯

“石峡峪堡”至今只剩下一段残墙

攻八达岭、居庸关，却提主力直奔石峡而来。

但石峡的城墙与房屋都是由石头垒砌而成，可谓一夫当关，万夫莫开。李自成夜袭石峡关，先用火攻，自然无济于事，两三个时辰下来，城墙仍然屹然挺立。功败垂成之际，李自成身先士卒，率部众奋力登城，最终城破。李自成令部队稍事休整，之后抄岭间小道——今八达岭残长城景区有“闯王破关处”，更传有“闯王小道”，插入八达岭与居庸关腹背，总兵唐通和监军太监杜之秩未放一枪一炮，出关迎降。

当时的总兵唐通，不久前还响应勤王的号召，到北京受过崇祯皇帝的嘉奖，“称卿而不名，赐莽服、玉带”，但他先降李自成，后降吴三桂，最后反水改投大清。鉴于他的反复表现，清史将其列入“贰臣”，算是对他这一机会主义分子的盖棺论定。

唐通出降李自成，有野史称杜之秩先开关迎降，搞得唐通很被动，他见大势已去只好请降。清初无锡计六奇撰《明季北略》，更有一段荒诞的故事：唐通率军迎战李自成的军队，两军刚一接战，李自成的营中突然冲出一只猛虎，所向披靡。唐通一见吓倒在地，老虎扑过去，朝他一顿啃咬。农民军趁机冲过来围住唐通。那只老虎竟然站了起来，拿掉虎皮，原来是农民军的大将谷大成假扮的，唐通于是投降。

传说毕竟是传说。李自成如何破关，历史文献不见具体记载。只大略留下如下信息：崇祯十七年（1644年）三月十五日（4月21日），农民军抵达居庸关，监军太监杜之秩、总兵唐通不战而降。在《明史流寇传》有“李自成”条，注明“遂犯阳和，又柳沟逼居庸”，并没有提及石峡关。并且，作为蓟镇西协总兵的唐通，可能临时巡视治下的关城峪口，但不会与石峡关共存亡。

今天，石峡关的老百姓，并不知道唐通这个历史人物。混淆了文艺与

一段残长城

历史，他们认定守卫石峡峪堡的将领，就是戏曲里的主角唐英。

三疑记

和石峡村里的老人聊天，说起李自成攻破石峡关的公案，他们都会提起《三疑记》。石峡关的守备唐英，怀疑儿子的教书先生和自己妻子私通，似乎因此误了军国大事。再往下，另有哪两疑，到底是《三疑记》还是《三疑计》，问过几个老人，都说不出个所以然来。却留下线索，村里演过《三疑记》这出戏的人，至今还健在，不妨问问她。

接近中午，沿着葡萄藤搭起凉棚、红灯笼装饰路侧的"御街"漫步。头顶，密密匝匝的叶子繁茂而翠绿；宝塔一样晶莹剔透的山葡萄悬挂四周，令人垂涎欲滴。脚底，透过葡萄藤蔓叶隙筛下斑驳的阳光，微风吹过，光斑在跳跃在波荡。好一处乘凉的地方！一条小狗慵懒地趴在地上吐着舌头，上午和傍晚支起的扑克牌桌已经收起来了，只有三两个老人，斜斜地坐在通道两侧的台阶上，拄着棍子当拐杖，频频点头打瞌睡。

村中两位工人在翻砂，搅水泥，他们在补修石块镶嵌的地面。一位老奶奶提着碗盆，从远处蹒跚而来。原来，村里开办食堂，为70岁以上的老人和残障人士提供免费午餐。今天的午饭，是鸡蛋西红柿打卤面。而这位老奶奶，就是那位在村里唱过《三疑记》而今硕果仅存的演员。

我们跟着来到老人家里，向老人询问《三疑记》的故事梗概和演出始末。老人却声称没有演过这出戏，自己是文盲，也记不起当年的剧目和唱词。聊起来才得知，这位80多岁的老人，还是在未出嫁的姑娘时，跟着村里的老戏骨学唱了几年，等到一成家，就没怎么唱了。问她在村里任会计的儿子，儿子没有听老母亲唱过戏，问她倒休在家的孙女，孙女还是第一次听说奶奶唱过戏呢。老人列举人名，那一起唱戏的人，那谁谁谁，都已经谢世了。她还告诉我们，村里几十年都不唱戏了，当年所唱之戏，不是河北梆子，也不是京剧、评剧，而是当地的石峡小调。

石峡小调是怎样的一种腔调？老人却闭着嘴巴摇头。是多年不唱因此忘记了，还是不愿意在我们面前透露那属于个人记忆的青春的密码？

调研归来，我查询资料，且观看河北梆子的网络视频，京剧《三疑记》（又名《香罗带》）的故事梗概如下：

明代，浙江乌程守备唐通，奉命前往杭州校阅军马，留妻林慧娘与子唐芝在家。唐芝之师陆世科偶染感冒，唐芝以母之罗带捆缚锦被送与先生御寒发汗。唐通返家后，往陆世科处探病，见林慧娘罗带，疑妻不贞，勒

昔日的战鼓，今已作为民俗展示的物件

逼林慧娘夤夜往叩陆世科房门，以试其奸情真假。陆世科斥林慧娘淫奔，拒不启户，留书辞馆而去。唐通疑虑既释，再次别家，途宿黑店，将店主宋名杀却。时值军令催行，仅携去宋名之首级，而将衣裳、马匹遗落店中。次日为地保所见，误以为唐通被害，报官后，知县王三善命传林慧娘前来认尸。地保至唐家，恰值唐通表弟杜之秩前来借贷，杜之秩知唐通外出，乘机调戏林慧娘。地保见状，错疑二人有染，想从中敲诈，林慧娘怒责之，地保恼羞成怒，将二人扭至县衙，诬陷林慧娘因奸谋夫。知县王三善未便妄决，暂将慧娘等寄监待审。陆世科辞馆赴试，金榜高中，出任浙江巡按。调审林慧娘一案时，因忆往事，臆断林慧娘情实无屈，遂将二人判斩。王三善力阻无效，暗遣二差往唐家中捉拿可疑之人，以雪冤狱。适唐通功成返里，为二差误捕。公堂之上，唐通向陆世科说明往事，林慧娘之冤始得昭雪。

越剧《三疑记》，守备也不叫唐英，而是径直叫唐通；历史上的监军太监林之秩，也客串在剧情中，成为唐通的表弟。他趁唐通外出，意欲调戏唐通之妻，是一个反面角色。既然是越剧，守备所守之地自然改成浙江乌程，于北方边地和明末形势已然没有任何瓜葛了。

《三疑记》被改编成河北梆子则名《双错遗恨》，守备改名张冲，那夹在被子里送至私塾先生房中的，不是三寸金莲的绣花鞋，也随新编京剧改为香罗带。这乃源于表演艺术家荀慧生的革新。他回顾京剧的现代戏改造：“原本造成唐通误以妻子不贞的原因为一只缠足睡鞋，而先生陆世科则为一皓首老者。改编时，鉴于睡鞋乃旧日妇女所用之物，近世已不多见，且以此作为主导，出现于舞台之上，形象不雅，乃改为女子所用之罗带，戏亦随之改用《香罗带》为名。唐通夫妇本为中年之人，若陆先生年已老迈，唐通疑妻与之有染，似不近情理，因而将陆改用小生扮演。”

一番搜寻，总算弄清楚哪三疑：一疑，丈夫唐通（或唐英、张冲）怀疑妻子与私塾先生有染；二疑，地保错疑唐通之妻与唐通表弟通奸；三疑，私塾先生后来博得功名，审问唐通之妻时，怀疑她就是杀夫的罪犯。因为这三疑，古代男权社会女子的地位和束缚女性的贞洁观由此可见一斑。不同的戏，女人到底判斩后死没死，是否成为制度的牺牲品，已经无足轻重了。

民间或文人，借历史上的贰臣唐通，编排他有眼无珠和主观臆测。我呢，听《三疑记》为“三疑计”，以为像袁崇焕一样，李自成施加反间计，以使守备无心恋战呢。看来我也凭着村中老人的只语片言，在做无来由、想当然的臆测呢——真是想多了。

卖刀买牛，和平时期，石峡村的女人们，在女红中竞芳斗艳

剧本之外的故事最后，明朝末代皇帝崇祯吊死于煤山，而破关的农民起义领袖李自成也功败垂成，只剩下戏台上“永远不老”的老旦守备，应和着西皮散板的旋律与节奏，咿咿呀呀地唱——

大丈夫立功名全凭弓马，

边关上舍性命报效国家。

叮咛语你必须牢牢记下，

你本是贤德人料也无差。

野长城

吃过午饭，一同前来石峡村的一位同伴就要打道回府。按她的说法，领导三番五次地提到野长城，自己再不实地走一遭，只一味心头发虚地回应询问，于情于理都说不通。这回来到长城脚下，顺便就要爬一爬，既满足自己的好奇心，面对领导也不必支支吾吾了。

顶着午后的烈日去爬长城，这桩苦差使一样的动议并没有得到普遍的响应。同行的男生宁愿猫在房间里午休，穿短裤的女生也不适合在树林里穿行，就不勉强了。在我，一方面要陪同那位想爬长城的同伴攀爬长城，另一方面近年北京宣扬“长城文化带”，我倒想借此机会实地勘察勘察，增加对这一文化带的感性认识。

我们一行四人，包含司机小周，还有学习城市地理专业的研究生小宗，每人带上一瓶矿泉水（司机小周多带了一瓶），开始一次最初不以为然，随后意味深长，最终刻骨铭心的野外远足。

长城，是每个中国人的心结，“不到长城非好汉”。因此，哪怕夏日炎炎，哪怕摩肩接踵，人们来了北京，就想着要爬一次长城。长城已然成为一个象征，那在崇山峻岭中间盘绕的气势磅礴的万里长城，就像一条承载着历史承载着文明的巨龙，在每个华夏儿女的心头萦绕盘旋。

野长城（一）

但这回，我们要爬的不是整饬一新的明长城，而是历经千八百年饱经风霜的野长城。

村口碰到村支书，听说我们要去爬长城，他用一截枯树枝，在沙地上画起了地图，右走又左走，绕过来又绕过去，听得脑子里一片糨糊。太麻烦了，谁记得清。算了，村委会背后山顶，不就有游龙一般的城墙和高耸入云的敌楼？何必舍近求远，干脆，就爬这近在眼前的长城好啦。

村委会背后，我们碰到一群农民工，他们在草地上铺了毡布，或躺或坐，在这背阴的地方露天午休。过一会儿，他们就要上山，去完成

野长城（二）

安装水管的任务。但我们不想等，顺着足迹沿着小路，不怕上不了山登不了长城。更何况，我们有四个人呢。竹杖芒鞋轻胜马，我们轻装简行，兴致高昂，向着高处远处的目标——那映在蓝天之下齿形的城堞城墙和方形的敌楼垛口——进发！

路，是羊肠小道，两旁的杂草高可没膝，及腰，有的地方甚至可以遮没整个人。清晨的露水早已蒸发，晒烫了的草叶举起锋利的刀，野酸枣的刺棘时不时牵绊我们的衣服针扎我们裸露的皮肤。万籁俱寂，太阳白晃晃的，没有鼓噪的蝉声，只偶尔看见乌鸦在天空盘旋，发出嘎嘎嘎嘎的叫声。前面的路，蜿蜒盘绕，似乎是条断头路，但绕过小小山峦，路又在脚底下延伸。

孟夏草木长。虽然是天然的氧吧，但浓密的草丛中该不会窜出一条长虫吧？说出长虫二字，空气骤然凝重起来，似乎听得见大伙儿的呼吸。还是小周师傅有经验，他一边拨草开路，一边找寻合适的树枝，折下来做助力的手杖。糟朽的树枝不少，但是不能当手杖用的。走过一程，每个人都手握临时的手杖，走过又一程，淘汰纤细单薄的树枝，小周师傅更是捡拾到笔直而称手的一截枝条，他挥舞着，一马当先，披荆斩棘。

遇到岔路，该向左走，还是向右走？

小周师傅再一次发挥他的聪明才智，他上前勘探，满有把握地选择向右走。问个中缘由，他信心十足地说，两条分岔路，右边这条要宽一点，土踏得更实一些，这说明走的人更多。在荒山野岭，顺着更明显的足迹，一定能爬上长城。我们很服膺他的理论，一致赞成他的判断。

就这样，我们两次选择右行。但一路行来，听说只有半个小时的脚程，我们爬了1个小时，怎么感觉还在半山腰打转？此前尚能看见的长城，渐渐被头顶的巉岩遮挡住了；那在山头干活儿的工人的声音，渐渐落在我们斜后的山坳里了。

看来，我们绕道了，前路漫漫，无法预卜，掉头返回，还得重翻几道山梁，路远不说，也心有不甘，事已如此，只好硬着头皮往前闯，相信能够柳暗花明。只是，平分了多带的一瓶矿泉水，大家都清楚，得节约用水了。窸窸窣窣，走走停停，我们互相打气互相鼓劲，山顶该不远了，长城就要抵达，等到登高瞭望，视野一定开阔，我们不会迷路的。

再翻过一道山梁，结束了斜上的坡路，迎来一段宽宽的横向的土路，终于——

我们看到长城了！

心还在跳，腿还在颤，但，就在我们前方脚下，灰白的长城砖，在午后的阳光下熠熠生辉。用什么词语都无法形容我们此刻激动的心情。还幸亏没有半途而废，刚才受的罪吃的苦，一下子都云消雾散了。我们欢呼雀跃，极目四望，远处，五岭逶迤，群山苍茫，湿重的雾气好像给大好河山蒙上了一层柔纱，神秘而蒙胧；近处，一群工人在脚手架上爬上爬下，那应和的人声，那叮当的叩击声，在担心迷失方向而心有余悸的我们听来，最为亲切，仿佛是人间仙乐！

长城之巅，有工人在维护电网设施

而此时的我们，就站在长满着野草、裸露着沙石的长城之巅。

这里不是对外开放的残长城，而是人迹罕至的野长城。我们不是专业的登山队，也不是准备充分的驴友，一时兴起冲动，前来朝拜登临。如今，跨越千山万水，历经千辛万苦，终于目睹长城最原始的面貌：经千年的风雨冲刷，历各朝的战火洗礼，亮丽的敌台已经斑驳，巍峨的垛口业已破损，整齐的雉堞大都断裂，城墙内部鳞次栉比的台阶也都覆盖了黄土与野草。然而，在这高高的山岭，蒸腾着午后的暑气，这古老的人间造物，仍然气势磅礴，雄伟壮观，即便有的地方摇摇欲坠，有的地方只剩下一壁的单墙，但在它龙钟而衰老的容颜背后，我们仿佛看到了一股贯穿天地的英气，一个不屈不挠的灵魂！它凝聚着华夏儿女的智慧，见证着中华民族和平与战争交错的历史。

不容再发思古的幽情，又一队工人要下山了。天气暑热，我们不能盘桓太久，再加上原定下午还有其他事务，我们必须尽快返程。

上山难，下山更难。我们又一次判断失误，在长城的另一边，林木中间，脚下是没踝的浮土，靠着此前的手杖，把住前方的树枝，好容易才稳住因惯性而下滑的身体。这是一段坡度超过70度的斜坡，我们一路跌跌撞撞，连滚带滑，像泥猴一样前进。尘土钻进了鞋子，汗水蜇疼了眼睛，我还要保护脖子上挂着的相机，真是狼狈极了。刚才那一队工人是从这里下山的吗？闪过这样的念头，但已经顾不得想这么多了。再一次，开弓没有回头箭，既然作出了选择，就没有返回去的道理，只有一路向前。

这十几分钟的路程，成为我毕生最难走的道路。

回到松软而簇生着野草的小径，我们提心吊胆的心再一次平复下来，横越几个山谷，四周上方都是长城，除了我还拍摄一两张照片，同行的其他人，已经无心观赏这野外的美景。尤其，眼前那修葺一新的长城，怎么用眼睛判断，都觉得距离我们出发的村庄越来越远了。

看平台上所立之碑，才知我们贸然闯到长城的花家窑子段了。还好，在这里碰到好心的帮水村的书记，他开车把我们送回了五六千米之外的石峡村。就这样，乘兴而去，兴尽而归，最主要的，中途虽含惶惑，虽藏危险，但我们都顺利地挺过来了，都毫发无损地返回来了。

原定1个小时的行程，我们前前后后花了3个小时。

石头宴

谈起石峡村，不得不说石头宴。要说石头宴，我就想起早年学习社会发展简史时获得的知识。

话说原始人类，在没有发明火之前，是茹毛饮血的，从偶然的自然天火中尝到烧烤的野味，人就不安心于吃生东西了，直到钻燧取火的方法被发现，就告别了生食时代，开始用火来处理各种食材，而且还发明了许多烹饪方法。有哪几种呢？一是烧烤，直接用火烤，如同今天烤鸭烤羊肉串；或者放在石板上烤，今天的铁板烧就源于此；或者用泥巴或树叶裹起来烧，如“叫化鸡”是也。再者是石烹，把烧烫的石头投进食物之中，靠石头的余温，就能烹饪成熟。最多的手段是蒸煮，用器皿如陶器、竹筒，盛以水或泡以水，就能蒸煮热腾腾的米饭与面食，就可以尝尝关东煮了。

但这里存在一个问题，石烹的做法，是偶然遇到天火，原始人赶去的时候，火已经熄灭，只好趁着这烧烫的石头，“趁热打铁”，做一顿不那么夹生的饭菜？不然，原始人犯不着错过熊熊大火，而用石头来做饭。还有，真正烧烫的石头，高温几百摄氏度，原始人靠什么把它们捡起来而不烫着手，投入那装水的兽皮袋子？

后来，读到人类学家列维-斯特劳斯的《神话学》系列第一卷《生食与熟食》，他老人家的结构人类学，真让我开了眼界。在这本书中，斯特劳斯试图以生的／熟的、湿的／干的、新鲜的／腐败的等对立的烹饪三角，建立一套严谨的逻辑架构。在他看来，生／熟这个对立组，前者属于自然的范畴，后者属于文化的范畴。这两个范畴的差异及变换以火的发现为分界线。普通的生食没有经过任何转换，而烹调过的或腐烂的食物虽则都经历了转换，但其中又有不同，烹调过的食物是经由文化手段改变的，而腐烂的食物则是通过自然达成的。在烹饪三角中，烤和熏是自然过程，而煮是人为过程，因为它需要水和容器，所以是文化的。在此基础上，他还提出了下列层次上各对立组的对应关系：在食物层面上分生／熟，在社会层次上列自然／文化，在宗教层次上辨世俗／神圣。

列维-斯特劳斯的观点和方法别开生面，但没有谈到石烹，我的疑问一直盘旋在脑海之中，仍然悬而未决。石峡村的石头宴远近闻名。这回我们不仅尝了鲜，还走进厨房，一窥其中的秘密。

石头宴里有石头摊鸡蛋、石头烤虾、石头豆腐、石头扒猪脸，等等。

用作烹饪的石头，有人说是石峡村山谷的石头，毕竟这里产石，就地取材，似乎说得通；甚至还有人附会说，李闯王攻破石峡关，特别用石头宴犒劳三军，犒赏当地百姓。但石峡堡客栈的经理明确告诉我们，那盘子中油滑光亮的鹅卵石，是专门从外面定制的，耐高温，含有对身体有益的微量元素。经理的前半句，算是透露真言，后半句，就有广告招揽生意的意味了。我们进到厨房，倒是看到在大厨放进少许食用油的开水锅里，圆润的鹅卵石一直保持着高温，可以烫熟肉片、蔬菜和蛋液。

摊鸡蛋，就是用当地的柴鸡蛋，蛋液搅拌后放盐，在餐桌上在食客面前，直接泼进盘子中的鹅卵石上。“滋滋——”一阵声响，冒出一股热腾腾的水汽，蛋液就在一盘鹅卵石上凝成了摊鸡蛋，要老还是要嫩，随食客自己的口味。因为石头表面那一层薄薄的油膜，鸡蛋并不粘连鹅卵石，筷子拨弄几下，自然就分离开来。

如果说鸡蛋是直接烹饪，那豆腐，那猪脸，那鱼头、牛头什么的则不是用鹅卵石直接烹饪。盘子中的鹅卵石，主要的功能不在烹饪，而是保暖保温。用常规的办法烹饪好食材，装盘的时候搁在滚烫的鹅卵石上面，就形成一道别具风情的石头豆腐、石头猪脸了。说来，这石峡一带，夏天比北京城里要低好几摄氏度，冬天则特别寒冷特别刺骨，村民们因地制宜，通过这种石头垫底的独特办法，取代了酒精炉子烧烤加热的干锅了。

厨房的大厨并不担心我们偷学他家的手艺，不仅给我们讲解扒猪脸的做法，还允许我们用相机拍摄烹饪中的各个步骤、各道程序。

半个猪脸，先在炉火上烧个七八分钟，把褶皱里的猪毛都燎烧干净，然后扔进一旁的开水锅里去除血污，大约煮上半小时，捞出来冲洗，然后再投入圆柱形的开水锅里慢慢炖煮——那里挂着20多种作料药材的小布袋，这就是他家的独门秘笈了，8个小时之后，就可以捞出来盛盘。一旁，延庆特有的火烧经过发面、擀制、烤制和切口；开水锅的鹅卵石也一直保持着高温；而辣椒、酱料的小碟子也都准备停当了。

装盘，油光光的猪脸趴在滚烫的鹅卵石上，金灿灿的火烧一长溜围着猪脸码放整齐，大厨发出洪亮的号令：“上轿——”

两个待命的“侍从”——清代士兵模样打扮，一身黄色袍子，头顶红缨，抬着轿子进来，将这一大盘扒猪脸，请进了红色花轿。锣已敲响——

当当当——

在餐桌面前，锣声吸引了食客的注意，两位侍从，一前一后高声喊将起来。到底如何响亮而谐趣地报出菜名，各位看官，你们自己去听好

石头宴中的扒猪脸，其下是滚烫的鹅卵石，一旁是刚出锅的吊炉烧饼

了，扒猪脸又怎生入口即化肥而不腻，你们自己去品味好了。仿效饭店的做法，我这里也设置一个悬念。

想来，饭店创立的这一仪式，固然是招揽顾客的噱头，但是却获得了相当可观的视听效果。刹时间，屋子里的一席食客都从凳子上站了起来，兴趣盎然地用手机拍个不停，都说要在品尝佳肴之前，喂喂手机，发发朋友圈。

石峡风光

跑驴舞

转了几个村子，追寻传统舞蹈，那旱船、高跷、抬花轿，似乎都已转成过去的记忆。老年人已经头昏眼花，腿脚也不灵便；年轻人则大都外出打工，对这类集体的文娱活动没有工夫参与，也提不起什么兴致；而离地三尺的高跷，操作时必然带有一定风险，基层村委会出于安全考虑，也对这一表演形式不太积极维护。倒是在每个村子的广场上，全国上下一个节奏，都应和着流行音乐，上了岁数的大妈们踢踏踢踏地跳着广场舞。

石峡村却是个例外，在这不足200口人的小山坳里，人心特别齐，民风最为淳朴，他们还保留着传统的节目——跑驴。

跑驴，是中国北方的民间舞蹈，流传于河北、陕西、山东等省，以河北昌黎、卢龙、滦县一带的最为出名，多在春节或花会时随秧歌队进行表演，相传已有200多年的历史。所谓跑驴，自然不是把真正的驴赶上场，而是用竹、纸、布扎成前后两截，下面用布围住，以形成道具驴。表演的时候，表演者多扮成农村少妇，把驴形道具系在腰间，手牵辔头，左右晃动身躯，下身则用颤抖的小步蹭动，模拟驴的颠、跳、踢、惊等动作和神态。

跑驴，或表现一对农村新婚夫妻在回娘家的路上，过沟、爬坡、驴惊、抢救等经过，说唱伴舞，诙谐风趣。或一队驴转圈，然后两两对舞，如同双口相声逗哏，你来我往，妙趣横生。跑驴一般伴奏有唢呐、小鼓、大钹和小钹等民族乐器，乐曲常选用冀东唢呐曲《满堂红》。

上午走进一户农家，房屋有些低矮，陈设颇为杂乱，一张硕大的土炕占了房间大半。按说，遵照中国人的礼仪，开门迎客，尤其是迎纳入户，都要洒扫庭除，但我们是不期而至，老人也很随和，带领我们登堂入室，并不计较那些虚头巴脑的东西。他给我们说起了村子里的跑驴，那是他最得意、最开心的事情了，动情之处，不禁手舞足蹈。

和新近出来的“中秋拜月”不同，跑驴，是石峡村最为悠久的传统舞蹈。每年节庆，尤其是春节，村子里都要组织村民跑驴，自娱且娱人。近年来，镇、区为了支持传统文化，丰富人民的生活，更出台了相关政策，提供了资金支持。在老人看来，有钱无钱，钱多钱少，都无所谓，最主要的，是自己打心眼儿里喜欢。

问他演什么角色，老人告诉我们，他男扮女装，扮小媳妇，有时也本色出演，就扮老头儿。说着，他进到里屋，拿出一袭大红的绸丝的戏服，在我们和他老伴儿的注视之下，套穿起来，并戴上长长的髯口，和俏皮的瓜皮小帽。要不是屋子里空间有限，他肯定会翩翩起舞。

屋内一旁，老伴儿笑眯眯地看着老人。看到这温馨的一幕，我脑海里忽然想起辛弃疾的《清平乐》：“茅檐低小，溪上青青草。醉里吴音相媚好，白发谁家翁媪？”词之后半阕，那锄豆那编织鸟笼那溪头卧剥莲蓬的孩子，都已经长大了，都为了更好的生活离开了村庄。只剩下这一对乐呵呵的老人，知足常乐，相依为命。

傍晚，得到消息，村里特意为我们安排了一场跑驴表演。我们非常感动，匆匆吃过晚饭，就赶往村委会边上的小广场。

锣鼓一响，人们陆续聚拢起来。几个妇女走进屋子，等出来，已经换上花红的服装，套上了驴形的道具。又有好久没有摸这玩意儿了，好姐妹们又有好久没有在一起玩闹嬉戏了，就在开场之前拉拉话儿，比试比试身手。日薄西山，雾霭渐渐浓起来，向晚的村庄，弥漫着一股热情而奔放的气息。

一位干练的大姐，拍着手掌，招呼着各位演员。在正式演出之前，必须得排练排练。听她的口令，按她的安排，怎么转圈，如何走位，演员们都认真对待，把过去的记忆调动起来，生硬的手势与步伐，慢慢也就合起了节拍。此时，三三两两地，广场集聚了更多的村民观众，一条乖巧的小狗，匍匐在地，好奇而安静地看着人们。

表演正式开始了。村里的跑驴，转过一个大圈，三对“驴”开始两两对舞。上午给我们讲解跑驴的老人也赶来了，他在其中扮演小丑的角色。并且，跑驴中增加了狮舞。两个身披狮子戏服的演员，先是领舞，后则伴舞，最后突入舞蹈中央，立起身子，互相嬉戏。在舞场一旁，有锣，有鼓，有铙，有钹，四样乐器，敲打出热烈而紧张的节奏。

身穿白色短袖衬衣的村干部，蹲坐在门前地上，聚精会神、有板有眼地敲着锣。与民同乐的村官，一点架子也没有，他沉浸在艺术的世界中。应该说，正因为朴实村民的由衷热爱，正因为村干部的鼎力支持，这一传统的民间舞蹈，才一直在这偏僻而宁静的村庄里常演不衰。

等观看完增加的广场舞，我们就离开了。过了一两个时辰，夜色之中，远远的广场上，锣鼓依然响着。看来，这次临时安排的跑驴，倒激发了村民无限的热情，在这骄阳似火的夏天夜晚，憋了好久的情绪，趁此得到了绽放。

睡梦之中，依稀响起石峡村的锣鼓。

“哐且哐且——”

10 延庆区非遗调查

2019年3月，北京联合大学参与竞标并获得“北京市长城文化带传统村落非遗保护调查”项目（非物质文化遗产，后文简称非遗）。课题组随即与北京市非遗中心现场沟通，明确目标与任务；邀请专家开展讲座，培训调研人员；并将来自民俗学、城市学、旅游学、历史学、新闻学等专业背景，参与该项目的师生分为7个小组，拟对门头沟、延庆、密云、昌平、平谷、怀柔等区的38个村子展开实地调研。

调查风雨无阻

延庆区的调研，主要集中在延庆区东门营村、石峡村、榆林堡村、岔道村、柳沟村。遴选上述村落，主要基于几个方面的考虑：首先，位列国家级、市级传统村落名录；其次，属于北京长城文化带，与长城有着密切关系；最后，具有市、区级别非遗项目，或者积极申报非遗项目，因此具有非遗基础。我们查阅了延庆区的相关资料，参照北京市非物质文化遗产保护工作协会编纂的2006年非物质文化遗产项目普查登记表，并结合近10年的发展变化，在田野调查之前，熟悉民俗文化普查项目，整体把握该区非遗整体情况。

行进在榆林堡村（一）

2019年7月8—20日，北京联合大学应用文理学院师生7人——莫常红老师带队，包括4名研究生和2名本科生——组成调查小组，前往上述5个村落开展非遗保护和传承情况调查。北京市非遗中心的工作人员前后两天参与调查，延庆区文旅委员会相关工作人员则负责协调，和各村村委提前联络，以保障调研顺利进行。

本次调研主要采取3种形式：一为座谈。与村委会领导、文化专员、部分村民代表展开座谈，集中了解村社的历史、人口、经济状况和非遗保护情况等。一为问卷调查。分别向非遗工作人员（一般由村委会领导兼职兼任，或有专门的文化专员）和普通村民发放调查问卷，收集当地非遗保护、利用情况；一为深度访谈。对部分村干部和普通村民进行深度访谈，深入了解他们对非遗的看法与态度，获取他们对保护、利用非遗的措施和建议。调研期间，我们吃住在当地村民中间，耳闻目睹，参与观察。

坚持科学性、系统性的原则，本次调研共发放问卷78份（东门营村22份，石峡村23份，榆林堡村12份，柳沟村21份，岔道村因特殊情况，未发放问卷），随发随收，绝大多数（约占90%）都由调研人员以边问边答的形式完成，少数（约占10%）由村民自行填写，因此，能够当场全部回收发放的问卷，所有调查问卷均为有效问卷。深度访谈则在调查问卷信息收集的过程中同步完成，在积极互动、愉悦轻松的环境中完成对20多名村民的访谈。

同时，调研小组还配备3台高清相机，拍摄了数量超过500张的照片和时长超过15小时的视频，从而用有声有色的影像记录了当地的历史遗迹、村落住宅、日常生活、饮食风物和非遗事象等，并记录了调研小组在田野作业的工作场景。

行进在榆林堡村（二）

和全国各地乡村情形大致相同，受市场经济发展和城市化影响，所调研村庄的年轻人多外出务工，村内剩下的多为老幼妇孺，调研对象中除妇女外，很少有年轻人（岔道村和柳沟村相对例外，因民俗接待的旅游业开展良好，不仅留住了一些中年人，还吸引了周边村落的年轻村民前来打工营业）。文化程度普遍不高（多为中、小学学历，个别村干部有高中、大专学历），加上岁数大，不少村民误解“非遗”为有形的文化遗产如老城墙，调研在耐心的启蒙与启发下才能顺利完成。

结束一个村落的田野调查，调研小组集体讨论，对该村的非遗事象和非遗资源进行汇总、梳理，确认项目的保护、传承和利用情况，并填写“北京市长城文化带传统村落非物质文化遗产资源表”。在以上工作的基础之上，形成此篇调研报告。

村落情况：历史、地理与人文

延庆区地处北京市西北部，东邻怀柔，南接昌平，西与河北省怀来县接壤，北与河北省赤城县相邻。北、东、南三面环山，西临官厅水库，位于延怀盆地东部，全境平均海拔500米左右。妫水河是全境最大的河流，和白河一道，属于永定河、潮白河水系上游河流。明长城从山海关至嘉峪关，过宣化、大同，称边墙；在大同、宣化以南另筑有内长城，称为次边。延庆区大部在此边墙以里，在内长城以外。除保存较好、修缮一新的明长城如外八达岭长城外，区域内更有自先秦燕国以来的古老长城，延庆区四海镇的九眼楼、大庄科乡的香屯长城、八达岭镇东沟村的石峡关，都留有存气势恢宏的残长城。

石峡村山后的长城敌楼

调研的5个村落，东门营村隶属张山营镇，位于延庆西部，柳沟村隶属井庄镇，位于延庆东部；其他3个村子，均位于延庆南部，与八达岭相去不远，石峡关和岔道口，本身就属于长城体系。5个村落都有悠久的建村历史，存留有古老的城墙遗址，有的村子在新时期修缮了部分城墙或瓮城。

东门营在明代已成村落，据《隆庆志》载，“嘉靖十六年（1537年）设东门营屯堡”，为隆庆右卫所属军屯。据传村西原有土城，修有东西两座城门，该村位于东门，故名。村内保存有阎王庙、泰山庙、真武庙和关帝庙，留有明代“迎恩门”门额等文物古迹。村内可见由村民开办的民宿数家，向游客提供食宿接待。据村干部介绍，目前还有一家旅游公司投资在建高端民宿。在村西北约2.5千米处的沟壑内，发现有古崖居群落，据传为奚族穴居之所。两座花岗岩绝壁上，共计有117窟，面积达960平方米。1990年古崖居遗址被列为北京市重点文物保护单位，1991年开发成旅游区。2013年列为全国重点文物保护单位。

石峡村明代建村，相传李自成进京经过此地，将这里洗劫一空，除几间庙宇外，其余全部沦为废墟。因该村处于深山，村出口处岩崖陡峭，石多裸露，故名石峡。石峡关为八达岭长城众多关隘中的一个，据险而建，易守难攻，是明代京师北部防线的重要军事组成部分，其战略位置十分重要。村北有石峡关口遗址和“石峡峪堡”门额，长方形，仅存碎碑5块，存“迎旭”门额。村内仅存旧城一段城墙；北门外西北约2里有火神庙一座，遗址尚存；南门外有关帝庙一座，地基与城墙相依，庙宇已不复存在，规制依稀可见。2008年6月，“八达岭长城传说”被列入第二批国家级非物质文化遗产名录，是延庆区的重要文化品牌。

榆林堡古城墙

榆林堡元代已成村，名

为榆林，因该地原有榆树林而得名，元明清曾为重要驿站，承担着传递情报、接待过往官员等多种功能。明永乐初年移民建榆林屯，为隆庆州后十里之一，所建榆林城堡系土筑而成。该地在古代是延庆的重要景点，其“榆林夕照”为延庆古代著名的八景之一。全村原有城隍庙、财神庙、龙王庙、老爷（关公）庙等大小庙宇数十座，现仅存城隍庙一座庙宇以及部分城墙。北城周长974米，南城周长1336米，城域面积16000平方米。现存较好土城610米，残址199米。

现存的岔道古城是明朝嘉靖三十年（1551年）修筑的兵营。岔道城地处关沟古道的北侧入口，为居庸关之门户，八达岭之藩篱。城修筑于明成化九年（1473年），明嘉靖三十年（1551年）和隆庆五年（1571年）补修并将城墙包砖，设守备一员、把总一员，隶属于宣府南山路。城平面类似

岔道古城的商业味已经很浓

舟形，周长1300多米，城墙高8.5米，由山石条、城砖包砌而成。2001年，岔道古城被列为北京市文物修复工程，按照明清时期的格局，在原古城遗址上重新修复了1400多米的南城墙以及东西两座城楼，如今西城门墙上刻有醒目的“岔西雄关”门额，城内的房屋已全部被改造成明清风格。全村有290多户，1000多人，70%的人从事了旅游服务。该村在2006年被评为“北京最美的乡村”，2018年3月，入选北京首批市级传统村落名录。

柳沟村在明清时期为屯兵驻地，至今保留有城墙、城门、古庙等遗迹。古城完整时，据说站在村外山上俯瞰，可见柳沟村形似一只展翅飞翔的凤凰，因此柳沟又被称为“凤凰城”。早在宋辽时，柳沟就是战场。成吉思汗登上汗位的第六年（1211年），他就率军经此伐金。隆庆元年（1567年）俺答再犯大同，隆庆皇帝“诏严战守”，于是，柳沟筑城，周长三百一十八丈，高三丈五尺。此后柳沟便成为历代的军事要地，并长期在此驻军把守。柳沟老城内，城墙的遗址得到了一定的保护，部分进行了翻修。村内曾有18座庙宇，现仅存一城隍庙。村中存有一棵400多年的古槐树，村民每逢重大事件都要在树前祭拜，祈求平安。现如今乡村旅游是村里的主导产业，柳沟村被评为2008年度“北京最美的乡村”。以火盆锅为核心的“豆腐宴”远近闻名，村中开设民宿的家庭已经多达100多户，在节假日吸引来的游客络绎不绝。

非遗资源的基本情况

综合调研所获得的信息，5个村的非物质文化遗产主要集中于民间文学、传统舞蹈、传统技艺和民俗信仰等类别。在传统音乐、曲艺、传统美术、传统医药方面，所调研的村子有过中医，也有为红白喜事吹奏响器的人物，还有绘制庙宇壁画的人才，但一则年代久远，一则技艺平平，缺乏可列为非遗资源的项目，更不存在真正意义上的多代传承。

历史传说、神话传说与村社人物故事构成民间文学的主体部分，呈现出口耳相传、层累而歧异的特点。对同一历史传说，不同村民讲述着主体框架相同但细节有异的情节，而不同村子，可以连缀上下情节，串联起一则完整的故事（比如李闯王攻打北京的传说）。而流行于本地的神话传说，则与当地的地形、地貌、气候、风物、生产与生活方式有着密切的联系，具有较强的地域色彩。此外，村民津津乐道的传说，乃村社老一辈真实人物的命运故事，它反映着当地人们的价值观、世界观，以此劝勉、警策、反省真切的人生。

乡村的民俗活动呈现逐渐萎缩之势，但民间信仰却有着肥沃的土壤。因属北方，村落几乎没有祠堂，家族的影响与凝聚力不如南方；市场经济发展之后，人们参与集体文娱活动的热情受到影响。节假日期间，本应是开展民俗活动的黄金季节，但在“农家乐”经济发展最为发达的岔道村、柳沟村，人们忙乱着招待蜂拥而至的游客，无暇顾及传统的、集体的活动。与之相对，因为对宇宙与人生难以全盘地、科学地认识，村民保持着对天地鬼神的敬畏，由此虔诚地发展着朴素的民间信仰。迎往嫁娶需择期进行，住宅墓地要堪舆地形，因果报应的思想和因缘际会的观念在乡间普遍流行。

以下为各村非遗资源：

（一）东门营村

1. 民间文学

浅浮砖雕八仙过海

“百世书香”历史故事：在东门营村主街中部路南（41号）有一座二进四合院，规格不高，装修朴实。西北隅开蛮子门，门楼为半间房宽。门额上有墨书“百世书香”四个大字，遒劲有力。临街北房后檐墙上部多出三层砖檐，悬挂木匾五块，匾上文字被铲去。其中三块隐约可见“德寿双全”“年高德劭”“齿德可风”。该院落为清末文举人孙寿龄旧宅，孙寿龄学而优却不仕，反哺家乡，教书育人，远近闻名。牌匾应为当时地方政府赠送，以示嘉奖，传为佳话。

2. 传统舞蹈

（1）东门营高跷：春节期间，村民组织高跷队表演，人数一般为十几人，有孩童参加。高跷表演有拜庙仪式，人物扮演特定角色，如孙悟空、猪八戒等，或反串。村际之间有交流。但是近10年已不再组织高跷表演。

（2）花会小车：春节期间，村民组织的庆祝娱乐活动。小车以木条为框架，糊以纸布，作为道具小车，人套其间，前有人拉，后有人推，有10

多人参加。但近10年已不再组织花会活动。

3. 民俗

东门营村道教信仰：东门营村内现存4座庙宇——泰山庙、真武庙、阎王庙和关帝庙，历史悠久，香火不断。现存4座庙宇已经得到保护修缮，其中关帝庙被视为财神庙，香火最盛。而如村中有人过世，其家人会到阎王庙哭号报庙。

（二）石峡村

1. 民间文学

李自成闯关传说：相传明末之际，闯王李自成欲攻打北京城，石峡关为其必经之路。石峡关之守将为唐英，在李自成准备攻打石峡关时，他家中正在闹“家务事”。其姨太太的一双绣花鞋出现在了其给儿子聘请的教书先生的屋中，恰好被其撞见，于是唐英便怀疑二人有染；除此之外，唐英还猜忌自己副将，担心其取而代之。疑心病使得他无心城防，这让李自成有机可乘，就从此地入关。后人将此故事编排为戏剧，用石峡小调等将其以戏剧的形式进行表演，为《三疑记》。但因年代久远，三疑究竟哪三疑，现今老人已然讲述不清。

2. 传统技艺

（1）山茶制作技艺：村落依山势而建，其中不乏种植有各式各样的中草药材。村民也自发去山中收集柴胡、苍术等10余种草药，经过淘洗、蒸煮、晾晒、揉搓等工艺流程制作山茶，有防治感冒、清火消炎之功效。

（2）杏仁油：每逢7月中下旬，村中杏树成熟之际，村民将杏肉与杏

午后的石峡村一角

仁分离，杏肉晒成杏干，家中自行食用，杏核砸开取其仁，榨成杏仁油。

（3）石烹宴：村中特色菜品，以沸水煮鹅卵石，卵石导热可致高温，捞出盛于盘中，用于多道菜品加热、保温。如石锅鸡蛋、石锅豆腐、石锅虾、石锅猪脸等。石锅猪脸独具特色，上菜时颇有仪式感。和着欢快喜庆的音乐，餐馆人员以轿子抬猪脸至客人面前，启桌前敲锣两下，一人唱道：“上菜喽。”另一人将猪脸端上桌和道：“来喽。”之前那人再喊：“石烹猪脸，吃猪头一年都有好兆头。”

3. 传统舞蹈

跑驴：每逢节日或重大活动，村民们自发组织的传统活动。队中由十几名村民套以驴形服装，围成一圈，两两对舞。其动作模仿驴抬蹄、勾蹄，向前聚做一团，向后整齐散开。人群中间有一反串女角与狮子同舞，不时与舞狮嬉戏玩耍，行为奇特，引发众人大笑。活动过程中有鼓、锣和钹等音乐伴奏。

（三）榆林堡村

1. 民间文学

（1）慈禧西逃夜宿刘家传说：清光绪二十六年七月二十二日，公历1900年8月14日，八国联军侵占北京，慈禧太后携光绪皇帝及皇族、大臣逃出皇宫，出德胜门经八达岭到榆林堡。据说慈禧到榆林堡时饥渴交迫，喝了小米粥，在一户刘姓人家留住一宿，屋外墙壁上曾印有“慈禧西行乾隆寻梦封桑梓宝地”字样，现已被风雨冲刷得模糊不清。

（2）李闯王进京传说：相传明末李自成攻打北京，途经榆林堡，准备穿城而过。夜间远望，见到城门附近的32块半磨盘，以为是32只老虎，于是连城都没敢进，绕道而行。传说无据可考，磨盘确实为废弃实物，村中四处可见。

2. 民俗

灯山会：旧时元宵节期间民间举行的一种祭佛敬神和欢娱活动。据清康熙五十一年（1712年）怀来县知县许隆远编纂的《怀来县志》载：“上元张灯三夜，演戏祭三官神。旧有灯山楼，高三四丈，中作木架称之，用小灯千万盏，作‘天下太平、民安物阜’等字。楼在西关众神庙侧。”中华人民共和国成立之前，榆林堡上元节灯山会活动，凡不遇荒乱之年，几乎年年进行。正月十一开始上会。在灯山楼上摆放众多灯碗呈神像模样，如关公。灯碗内盛有麻油，点燃棉花捻子，并有参拜和欢庆仪式。今废。

榆林堡村的壁画

（四）岔道村

1. 传统舞蹈

斗高跷：每逢节日，村民自发组织高跷活动。高跷活动中，扮演不同角色的男女互斗。

2. 民间文学

珍珠翡翠白玉汤传说：元末明初，朱元璋早年困厄之际，饥肠辘辘，遇一老妪为之煮一锅汤救其性命。日后，朱元璋登基，怀念感恩，寻昔日味道，找来原先老妪，重温此味。此汤俨然不复当年风味。汤中含有白菜、豆腐，时称珍珠翡翠白玉汤。民间亦传，慈禧西逃至此村亦尝此汤。

（五）柳沟村

1. 传统技艺

“酸浆豆腐”制作技艺：豆腐的制作技艺可以追溯至汉代淮南王刘安发明的豆腐制作技艺，本村豆腐特用酸浆点浆。早年，村中多户人家都会此项技艺，近10年本村豆腐宴名声鹊起，豆腐需求量增多，改为集中生产。今有4到5家仍在制作，专供全村100多家民宿餐饮使用。

2. 民间文学

柳沟村传说：本村郭昆先生曾收集本村民间传统故事，并撰写《柳沟》一书。中含“求雨”“乳头山”等传说。在调研过程中有“神树大槐树”等传说，另有解放战争时期革命烈士的历史故事。

3. 传统舞蹈

旱船：每逢重大节日，村中会组织旱船表演活动。本村的旱船一般6只或9只组成一队，每只船有2人，队伍庞大，场面壮观。村中临街的墙壁上画有旱船表演的图像。

柳沟村的旱船壁画

4. 民俗

柳沟村民间信仰：村中现存城隍庙，在旁边有一棵拥有400多年树龄的大槐树，村中每逢节庆或村民遇到家中大事，都会上香上供以求平安。

非遗的保护、传承和利用情况

在实地考察过程中，我们真切地感受到乡村的发展与变化，而乡村非遗的保护、传承也必须在整个乡村发展的视野与框架中，才能得到有效的开展。经济如果没有得到发展，如果还在为解决温饱问题而劳累奔波，村镇是谈不上非遗保护的。正如柳沟村的前任书记所说，早些年来调查适龄儿童入学的乡村教育，我们这次来调查非物质文化遗产保护，这从一个方面说明，改革开放取得了巨大的经济进步，乡村也开始从物质到精神，迈向文化传承与建设。同时，我们也发现，乡村经济高度发展，以家庭为单位的乡村社会也偏于各自为政，村民对集体文娱活动不甚热心，人心能否重新凝聚，又是笼在调查人员心头的一层隐忧。因此，我们希望纯朴、好客的石峡村迎头赶上，但又担心发展繁荣的村镇，会忘却初心，沾染上商业社会一些不良的风气。

非物质文化遗产，在某种程度上还得依靠、依托有形的物质文化遗产。比如，在榆林堡村，“古驿站”能否如曾经有所规划般地得到真正修复，在村民看来，是给这个地处平原地区的村落最大的实惠，借此就能吸引游客。本村一度流行的灯山会，也因物质的道具如“灯山楼”不复存在以及活动的场所庙宇的丧失而湮没无闻。在石峡村、岔道村，村民自发或被组织起来参与保护所在地段的残长城，这不仅能够增进村民的自豪感、归属感，也能结合文旅事业，促进非物质文化遗产的保护与传承。

在现代化进程中，机器生产代替了手工劳动，商品经济取代了自给自足，传统的生产、生活方式发生了巨大的变化。此前几乎家家都能研磨豆腐，在柳沟村，则渐渐集中于三五家负责承担“豆腐宴”的原料（豆腐）的供应；在其他村，村民几乎很少自家研磨豆腐。而一些事关衣食住行的日常用品，如生活用品鞋帽、生产工具镰刀、家私家具桌椅之类，均不自行生产，也不必约请附近匠人制作、锻造，村镇的木作等传统技艺，几乎消失殆尽。“你可以卖给游客吹糖人儿，但不能卖给他们一个钉马掌吧。”一位村民的形象说法，明白浅近地告诉我们，项目能否产生经济效益，手艺是否符合现实需要，是一项非遗项目能否有效传承下去的至关重要的因素。

根据问卷和深访，多数村民混淆“物质文化遗产”和“非物质文化遗产”的概念，需要调查组员进行解释和说明。多数村民认为，政府重视是影响非遗传承的首要因素，非遗传承中面临的困难是年轻人缺少兴趣，会传统技艺的人越来越少（以石峡村的山茶为例，它需要采集野外药材20多味，如今本村中60岁以上老人尚可识别；四十几岁的中年人仅能识别出少

民间剪纸

数品种，年轻人几乎全不认识）。村民普遍希望恢复高跷和花会等民间集体文娱活动，以丰富精神文化生活。但村社干部担心高跷表演产生危险，再加上资金欠缺与人心不齐等，多年不再组织此类活动。非遗是以人为本的活态文化遗产，它强调的是以人为核心的技艺、经验、精神，其特点是活态流变，这就存在非遗是否要与时俱进的问题。村民们多数认为要跟随时代脚步，进行革新，少数人认为应该保留原汁原味，要是变了就不再是原先的“老味道”了。

对于非遗，5个村子，从村干部到普通村民，数石峡村的人积极性最高，对非遗传承饱含热情，非遗保护、利用也相对最好；附近有山川长城，旅游资源条件优裕，民俗接待井然有序（村中开设咖啡馆），尤其难能可贵的是，商业意味并不浓厚，还保持纯朴初心；村支部书记亲切友善，与民同乐，在非遗项目跑驴的表演中一直半蹲着忘情地击打乐器。村中各项非遗资源中，山茶制作技艺目前尚能延续，但正在慢慢消逝。当地杏核虽然仍在收集以变卖，但杏仁油的制作基本绝迹。石烹宴作为客栈的特色菜正在不断创新菜品。跑驴这项传统舞蹈如今参与者多为中年女性。李自成闯关传说如今仍在口耳相传，讲述版本略有歧异。后人将其改编为戏曲，并伴以特有的石峡小调，可惜此唱腔现已失传。

榆林堡村地处平原，距离镇所康庄太近，村内几无民俗接待；且因为该村曾多次接受调查访问，甚至有相关部门已着手规划旧城改造，拟将重建古驿站，但最终却因故搁置，这使得村社干部对非遗和文化工作的热情不太高，部分村民对于非遗调查的态度也比较消极。村中唯一残存的城隍庙曾蒙修缮，现已荒废，杂草丛生。灯山楼也被拆除多年，灯山会消失已久。高跷、小车、旱船等花会节目也早在20多年前就没了传承。

柳沟村内一些项目如酸浆豆腐制作技艺，因为村中餐饮和旅游业的

葫芦工艺

发展，形成了以“豆腐宴”为村中餐饮特色的独立产业链。而具有商业价值，所以得到了很好的传承。因村民的信仰，大槐树和城隍庙得到保护，并时常有人上香祈福。但柳沟村的民俗接待商业气息过于浓厚，一定程度上影响了游客的观感。与此类似，岔道村的村民一心发展民宿旅游，并没有充分意识到非遗资源的利用更能够为旅游增加文化品位，非物质文化遗产资源的流失比较严重。

据调研所知，东门营村、榆林堡村、岔道村的非遗资源均未予以开发利用，相比而言，石峡村、柳沟村的非遗资源得到了一定的利用，从而丰富着村民的精神文化生活，并在旅游开发中产生切实的社会效益和经济效益。

石峡村的跑驴表演曾参加镇区比赛并且获奖，此项活动仍有较好的活

旅游与非遗结合，经济作物能带来切实的实惠与收益

态传承，节假日期间可为游客娱乐助兴。石烹宴作为石峡村民宿的特色菜品，颇具口碑，曾获“乡村美食大赛”一等奖。此项特色菜品为石峡古堡客栈的招牌菜，目前“石烹猪脸”这道菜品广受食客欢迎。村民们将旅游与非遗相结合，通过民宿向游客售卖山茶，80元左右一斤，一家农户可年产四五十斤。柳沟村的非遗资源项目中，“豆腐宴”远近闻名，酸浆豆腐制作技艺得到有效利用，带给村民切实的实惠和收益。随着游客的增多，旱船表演也在复兴之中，以为游客助兴。

保护、传承、利用非遗的建议

（一）依靠政府，因势利导

结合当前实际，在非遗保护中必须突出政府的主导作用。各级政府都要充分重视非遗挖掘与保护工作，将其纳入经济和文化发展的整体规划。具体措施建议含括以下方面：建设非遗保障、保护机制，为非遗的发展提供良好的法律、物质、技术保障和经济支持；建立一整套立项、论证、评估、审批和监管制度；统一协调非遗、文化、民政和旅游等各个部门，提供导向性、约束性的管理和服务；可考虑设立专项奖励基金，奖励非物质文化遗产保护先进集体和个人，补助非遗传承人，等等。配套制定一系列加强非遗保护的政策措施，并确保、监管其有效实施。如对非物质文化遗产保护资金的安排，要专款专用，并对一些濒危和口传项目的保护优先提供支援，以确保将非遗保护工作纳入正确的轨道。

与此同时，政府牵头引导，有的放矢，将非遗保护与传承纳入村庄整体发展与建设中，同时，还需摆正位置，不宜管得太死、约束太多，要充分发挥村民的创造性、积极性和主动性，促进村民自治。鼓励村民参与村庄发展建设，调动村民自身决策以及管理村庄事务，增强村民的主人翁意识以及荣誉感、归属感，让村庄由内而外，重新焕发传统非遗项目的生机，提高对外的吸引力和影响力。

（二）利用媒体，加强宣传

雾霭中的乡村

本次问卷调查及其深度访谈显示，村民认为非遗项目的影响、认知、保护与传承，有赖于媒体的大力宣传。因此，需要充分利用新闻出版、广播电视、互联网等各种新老媒体，加大宣传力度，普及保护知识，培养保护意识，努力在全社会形成共识，营造保护非遗的良好氛围，打造非遗文化品牌。

充分利用互联网技术，如微信、二维码、微博等互动传播手段，通过举办“文化遗产日”“非遗展示展演”“民间文艺汇演”等系列活动，加大非遗的宣传力度，提高广大群众尤其是青年群体对非遗的认知度和保护意识，从而使广大群众既是非遗的创造者、传承者，同时也是积极的传播者、保护者，更是利益的相关者、受益者。

扩大公共空间，给非物质文化遗产一个展示、体验的场所。要让群众了解和接受非遗，就应该“从群众中来，到群众中去”，扶持并发展非遗资源，使之不断发扬光大。利用集市、庙会、节庆活动，繁荣、活跃民间传统文化；加强宣传教育，开展多种形式的艺术培训活动；建议在市、区开设非遗展示的场所，通过现场操作、示范与互动参与，提高观众对非遗文化项目的认识，增进切身的体验。

（三）回归民间，培养人才

当今，我国的非遗传承，其载体还得有赖具体的人，依靠民间广大的群众。因此，非遗“从群众中来，到群众中去”，最好的保护和传承方法还得借助民间，在民间培养土壤，在民间培育市场，通过民间艺人和民间组织世代相传。通过教育，民间自发、自觉地对非遗进行保护、传承，不仅能够减轻政府压力，更有利于突出重点，抢救濒危项目，保护有价值的文化遗产。

归根到底，非遗主要依托人来进行保护与传承，对于非遗人才的培养尤为重要。针对非遗传承人的老龄化及非遗项目后继无人的现状，需要加快制定传承人培养制度、传承奖励制度，用制度规范人才培养工作。尤其对濒危的重要项目要制订传承计划，建立传承活动基地，设立专项传承补贴，为传承人提供良好的传承条件和必要的生活保障。同时，积极推动非遗进校园，把优秀的民族民间文化传承给青少年一代，从小培养他们对非遗的兴趣，一定程度上让学校承担起保护、传承非遗的义务，以引导更多的人走上非遗传习之路，壮大非遗保护传承力量。

（四）文旅结合，合理开发

参与观察柳沟村和石峡村，其非遗资源得到有效利用的经验，是把文化优势转化为旅游优势，此乃传统技艺薪火相传的有效途径。因此，引导部分非遗资源合理市场化，是实现永续传承的有益尝试。充分挖掘非遗资源，加大非遗项目综合利用力度，推动文化与旅游深度融合，通过打造旅游品牌、商品生产等方式使非物质文化遗产在与产业和市场的结合中更好地传承。同时，注意平衡旅游与非遗的关系，使得文旅有机融合，取长补短，互惠互利，丰富乡村旅游的文化内涵，合理推动乡村旅游发展。

同时，要注意对非遗开发利用的幅度和进程，不冒进，不拔苗助长。比如，活态利用非遗资源，鼓励市场开发，其目的是为了有效保护和传承，但不能因此片面强调市场开发和商业利用。否则，一方面，会使得没有市场效应的非遗资源无人问津，最终得不到保护而加速其消亡；另一方面，也会因片面追求经济利益，而导致过度开发部分项目，使原生态的非遗项目发生畸变。

这次非遗调研，得到很多村民的主动响应与帮助，虽也遇到个别不理解的情况，但都是一种难得的经历与督促我们前行的动力。此外，各级政府负责人的态度与倾向，也影响着非遗的保护与传承。因此，提高人们的认识，应从基层干部入手，并以此为抓手，多向民众宣传非遗的作用与功能，消除知识、意识、情绪的障碍，吸引广大群众投入其中，合力推动非遗的保护传承、活态利用和繁荣发展。

（本报告的撰写，北京联合大学应用文理学院学生宗赫男、袁喻晗、张雪、付伟纶、白紫阳均有参与。怀念彼时调研时光，在此一并致谢。）

后　　记

偏离日常的一次漫游

来一场说走就走的旅行，似乎说的就是抛开犹豫与顾虑，摆脱日常生活的羁绊，干脆利落地拔腿就走。诗与远方，之所以成为很多人的梦想，就在于一改单调而重复的节奏，整顿疲惫而蒙尘的心灵，用善于发现的眼睛，去领略外部世界之美。

通常，在发展成熟的旅游景区，总有腰间别着音响、脑门箍着麦克、上举的手中摇着三角旗的导游，带领一众人等，沿着固定的路线，鱼贯地从一个景点赶往下一个景点。被导引着参观，走马观花，看见的是可展览的、布置妥当的风景，听到的是千篇一律的、掺杂着八卦的解说，拍摄的是以熙攘的人群作为背景、从所谓最佳角度摄取的照片，获得的是匆匆到此一游、蜻蜓点水一般的印象。

参与这样的旅行，像牵线的木偶，只要跟着走就好了，不必考虑明天的饮食与住宿，不必计较一天的脚程与车程。按部就班，首尾衔接，一个摆好的姿势，一套修成的照片，一串模糊的记忆。

不满足于这种模式，不少人转而尝试深度游、自驾游。只要时间允许，自行安排起居，说停就停，想走就走；不去买那些从其他地方运过来的冒牌风物，不去吃那些价格虚高的伪劣风味，更愿意冒一下险，偏离常规的路线，去感应前途未知的诱惑；山一程水一程，风一更雪一更，深入当地，去吹那风，去淋那雨，去晒那太阳，找一个背风向阳的草坡，或躺或坐，看云卷云舒。

有人又说，凡事预则立，不预则废。要是什么都不提前安排，只懵懵懂懂地去做，少不了要走弯路要遇风险。人生何尝不是呢，我们时常得到善意的规劝，不能一味埋头拉车，还得抬头看路。然而，所谓一步一个脚印，是不是必须时时处处都树立明确的目标？在我看来，周密规划行程，总少了一点偶遇的浪漫；一切尽在掌握，总欠缺一层探索的真知。层峦叠嶂，移步换景，我们或许能够贮满一份期待，收获一份惊喜。

这回，不是到远方，而是到近郊；不是去旅行，而是去调研；接到的任务是描画北京周边的“浅山”，因家在昌平，选择就近考察昌平与延庆。以海拔300米为限（个别地方超出了这一限制），下乡进村，走街串巷，欣赏自然美景，勘察人文地理，体验民风民俗。

还是奉行此前的理念：对事物粗作了解，然后就果断前往。用周末和假期，到开着花飞着鸟的郊区去，到远离市声与尘嚣的乡村去，身体力行，用眼睛去观察，用耳朵去倾听，用双手去触摸，用心灵去感知。

无疑，这是一次偏离，这是一次漫游。在教学之外，在专业之外，尝试去发现不一样的世界与人生。就像在夏日亭午，猛然间出了神，打一个盹儿，在斜斜漏过窗帘缝隙的光柱中，细数阳台种植的几茎辣椒，还有西红柿苗秧上顶出来的几朵小花。那一丛蓬蓬的紫苏，还有移栽小区的艾草，都是从乡村带回来的，它们似乎在新的环境里生了根。

而我，从乡村走出却多年没有回归乡村，却认他乡为故乡。作为记录者与叙述者，我把故乡成长的经验，编织进新近的观察之中，归置于城乡的对比之中。调研中或者说旅途中的所见所闻、所思所想，我期待能够引发些许共鸣，勾起读者您那一丝似无还有的乡愁，能够启发关于自然与人世、现代化与城市化的思考。

从最初领受任务，到最终编校成稿，三年光景真如白驹过隙。一同调研的同学，均已前后毕业离校。而历经新冠肺炎疫情，换一种心态心境，我亦不复旧日的我。重读此前的文字，此前爬过的山、蹚过的水，都因曾经的游历，依然亲切明亮。仿佛，在长久禁足之后，又重走一遍。

本书顺利出版，得到许多人的帮助。感谢北京联合大学应用文理学院，感谢新闻与传播系；感谢张景秋院长，感谢范晓薇老师，感谢张玲老师；感谢北京出版集团和北京美术摄影出版社。没有各位的支持与鞭策，就没有这本书稿。

书中的那些村庄，对读者来说，可能相对陌生。但笔者希望能够通过书中内容传递一些有用的信息，捕捉一丝时代的精神。笔者水平有限，书中疏漏之处恳请读者不吝批评指教！

莫常红

2021 年 3 月于北京昌平回龙观